陶庵对偶故事

张 岱 著 赵王玮 注

浙江古籍出版社

前　言

《陶庵对偶故事》是张岱编纂的一部蒙学著作，最早著录于《鄞县通志·文献志》，现仅存抄本于天一阁博物院。天一阁藏抄本仅一册，以竹纸抄写。卷首有张岱《陶庵对偶故事小引》，字颇雄恣，卷末署"剑南学究张岱撰"，后有"张岱之印""客园"两方墨印。正文韵语作大字，其后注文字体则纤细如蚊脚。全书有三方阳文藏书印，"朱别宥收藏记"钤于《小引》首页，"萧山朱氏"及"鼎煦"则钤于正文首页。三方印皆萧山朱鼎煦（字鄯卿）所有，则此书当为朱氏别宥斋故物。天一阁另藏有绍兴鸣野山房沈复灿抄本《琅嬛文集》，亦原藏别宥斋。经比对，纸张、笔迹、避讳与此书如出一手，此《陶庵对偶故事》当亦为沈复灿鸣野山房抄本。《鄞县通志·文献志》著录此本为稿本，不确。

《陶庵对偶故事》共两卷，依照平水韵目，卷上分上平、下平，卷下分上、去、入，每韵之下各系八字韵语，多寡不一，亦有若干韵目无韵语。每组韵语分两下两截，各四字，以对偶分咏两事。韵语则分注两事出典，间有两事同出一典者。此书体例仿自唐朝李翰《蒙求》，惟张岱自作注，有别于《蒙求》后人作注。

此次注释《陶庵对偶故事》，以浙江古籍出版社出版《张岱全集》本为底本，删去原书校勘记，在注释过程中发现该本尚有失校之处，在注释中说明。

· 1 ·

陶庵对偶故事小引

　　佛言五官之用，目根[1]钝，耳根[2]灵，故稚年幼学凡从目根入者旋瞬失记，从耳根入者〔历久〕不忘。故僧家禅必由参，棒必用喝[3]，儒家聪必先明，学必兼问，盖以其声入心通，镂肝刻骨，虽时日〔寖〕远[4]，依然言犹在耳也。余今老大健忘，目前之事一过辄不能忆，凡从儿时学堂中先生所讲日记故事，如孟宗泣竹、王祥卧冰之类，曾有一句一字之遗忘否耶？余偶翻旧籍，见唐人李翰所辑《蒙求故事》，上用对偶[5]，下排韵脚[6]，以故事对类二书合而〔为一〕，其用以发矇醒瞶，不无小补。然细为检阅，犹嫌其对偶不确，叶韵[7]不工，注疏[8]不明，搜罗不广，寒俭潦草，未为〔佳〕书。余乃更为编摩[9]，八字谐声，既便诵读，而四言叶韵，复费推敲，虽为老生之常谈，寔[10]启小儿之茅塞。挟此以往，其非诗肠之鼓吹[11]，亦即学海之饩飣[12]矣。敢曰家自教儿，乃以公之蒙训[13]。

　　剑南学究张岱撰。

【注释】

　　[1]目根：佛教语，六根之一。六根谓眼、耳、鼻、舌、身、意。根为能生之意，眼为视根，耳为听根，鼻为嗅根，舌为味根，身为触根，意为念虑之根。此处目根即指视觉。

[2] 耳根：佛教语，六根之一，指对声境而生耳识者。此处耳根即指听觉。

[3] 棒必用喝：棒喝，佛教禅宗用语。禅师接待初机学人，对其所问，不用言语答复，或以棒打，或以口喝，以验知其根机的利钝，叫"棒喝"。相传棒打的使用，始于德山宣鉴与黄檗希运；大喝的使用，始于临济义玄，故有"德山棒"、"临济喝"之称。

[4] 寖远：渐远。

[5] 对偶：修辞格之一。用对称的字句加强语言的表达效果。

[6] 韵脚：韵文句末押韵的字。

[7] 发矇醒聩：使昏昧糊涂、不明事理的人为之震惊，受到启发。矇，眼睛失明。聩，耳聋。

[8] 叶韵：押韵。

[9] 注疏：注和疏的并称，泛指注解和解释注解的文字。注，对原书字句的注解；疏，对注的注解。注、疏内容关乎经籍中文字正假、语词意义、音读正讹、语法修辞，以及名物、典制、史实等。

[10] 编摩：编集。

[11] 寔：确实。

[12] 鼓吹：谓阐发意义，引申为羽翼、辅佐。

[13] 饾饤：原指将食品堆迭在器皿中摆设出来，引申为因袭、杂凑文辞。

[14] 蒙训：教育儿童的读本。蒙，童蒙。

目 录

陶庵对偶故事卷上

上 平 ………………………………………… 3
  一 东 ………………………………………… 3
  二 冬 ………………………………………… 7
  三 江 ………………………………………… 10
  四 支 ………………………………………… 12
  五 微 ………………………………………… 24
  六 鱼 ………………………………………… 26
  七 虞 ………………………………………… 31
  八 齐 ………………………………………… 42
  九 佳 ………………………………………… 47
  十 灰 ………………………………………… 49
  十一 真 ……………………………………… 55
  十二 文 ……………………………………… 60
  十三 元 ……………………………………… 63
  十四 寒 ……………………………………… 66
  十五 删 ……………………………………… 69
下 平 ………………………………………… 73
  一 先 ………………………………………… 73

二　萧	82
三　肴	85
四　豪	86
五　歌	93
六　麻	99
七　阳	104
八　庚	113
九　青	119
十　蒸	124
十一　尤	128
十二　侵	137
十三　覃	142
十四　盐	145
十五　咸	147

陶庵对偶故事卷下

上声	151
一　董	151
二　肿	152
四　纸	154
五　尾	162
六　语	164
七　麌	168
十一　轸	173
十三　阮	174

十五 潸	176
十六 铣	178
十八 巧	180
二十 哿	182
二十一 马	185
二十二 养	187
二十三 梗	190
二十五 有	192

去声 ……………………………………… 201

一 送	201
四 寘	203
六 御	208
七 遇	211
八 霁	214
九 泰	219
十 卦	221
十一 队	223
十二 震	224
十四 愿	227
十五 翰	230
十七 霰	232
十八 啸	235
二十二 祃	237
二十三 漾	240
二十四 敬	245
二十五 径	248

· 3 ·

二十六　宥 ·················· 251
二十九　艳 ·················· 254
入声 ························· 256
　一　屋 ···················· 256
　二　沃 ···················· 258
　三　觉 ···················· 261
　四　质 ···················· 263
　六　月 ···················· 264
　七　曷 ···················· 267
　九　屑 ···················· 268
　十　药 ···················· 275
　十一　陌 ·················· 279
　十二　锡 ·················· 286
　十三　职 ·················· 289
　十四　缉 ·················· 291
　十五　合 ·················· 293

陶庵对偶故事卷上

上 平

一 东

尧游西华　舜歌南风

尧[1]游康衢[2],观于华[3],华封人[4]曰:"嘻,请[5]祝圣人多富、多寿、多男子[6]。"世传华封三祝。

舜[7]弹五弦之琴,以歌南风[8],歌曰:"南风之薰[9]兮,可以解吾民之愠[10]兮。南风之时[11]兮,可以阜[12]吾民之财兮。"

【注释】

[1] 尧:远古部落联盟的首领,古史传说中的圣明君主。

[2] 康衢:四通八达的大路。

[3] 华:地名,在今陕西华县。

[4] 封人:古官名,为典守封疆之官。

[5] 请:请允许我。

[6] 男子:子嗣。

[7] 舜:传说中的远古圣明帝王,即位在尧之后。

[8] 南风:乐曲名。相传为舜所作。

[9] 薰:和暖。

[10] 愠:怨恨。

[11] 时:适时。

[12] 阜:丰富,这里是使动用法,使……变多。

汉高芒砀　太公新丰

秦始皇[1]东游,以厌[2]天子气[3],汉高[4]即自疑亡匿,隐于芒砀山[5]。吕后[6]常求得之,高祖怪问,后曰:"季所居上常有云气,故从往,常得季。"高祖心喜,沛[7]中子弟闻之多往附焉。

汉太公[8]心爱旧居乡里,高祖命匠人胡宽仿其衢巷门闾[9],徙其里人居之。士女老幼相携路首[10],各认其门而入,放牛羊鸡犬于通途,亦各认其家。名曰新丰[11]。太公大悦。

【注释】

[1]秦始皇:即嬴政,秦王朝的建立者。

[2]厌:用迷信的方法,镇服或驱避可能出现的灾祸。《史记·高祖本纪》:"秦始皇帝常曰:'东南有天子气',于是因东游以厌之。"

[3]天子气:帝王头上显现的瑞气。旧谓帝王出生或活动的地方有此气。

[4]汉高:汉高祖刘邦,汉朝的建立者。字季,故又称刘季。

[5]芒砀山:古芒山、砀山的合称。今属河南省永城市芒山镇,位于豫、鲁、苏、皖四省接合部。

[6]吕后:吕雉,刘邦的妻子,后为皇后。

[7]沛:沛县,地名。今属江苏徐州。

[8]汉太公:刘邦之父。

[9]门闾:城门与里门。门,城门;闾,里门。

[10]路首:街头。

[11]新丰:县名。治所在今陕西省临潼县西北,原秦朝骊邑。刘邦依故乡丰邑街里房舍格局改筑骊邑,并迁来丰邑之民,改称新丰。

茂陵磨剑　鼎湖堕弓

汉武[1]崩[2]后，忽见形[3]，谓陵令[4]薛平曰："我虽失势，犹为汝主。奈何[5]令士卒上吾〔陵〕磨剑？自今以后当禁之。"

黄帝[6]采铜铸鼎，鼎成，有龙垂胡髯下迎，帝骑龙上天，群臣后宫七十馀人从，小臣不得上，悉持龙髯，髯拔，堕地为弓，抱其弓而号。后世名其湖曰鼎湖，名其弓曰乌号[7]。

【注释】

[1]汉武：汉武帝刘彻，死后葬于茂陵。陵在今陕西省兴平市东北。

[2]崩：帝王之死叫作"崩"。

[3]见形：现形。

[4]陵令：守护天子陵墓的长官。

[5]奈何：为何。

[6]黄帝：古帝名。传说是中原各族的共同祖先。

[7]乌号：良弓之名。《淮南子·原道训》："射者扞乌号之弓。"高诱注："乌，於也；号，呼也。"於呼，即呜呼。

朝阳鸣凤　渭水非熊

唐高宗[1]时自韩瑗、褚遂良[2]死，内外以言为讳。高宗造奉天宫，李善感极谏，时人称为"朝阳鸣凤[3]"。

姜太公[4]年八十，钓于渭水[5]。文王将畋[6]，命太史[7]占之，占曰："非龙非螭[8]，非罴[9]非熊[10]，所获霸王之辅。"至渭水，果得太公，载之后车[11]，尊为尚父[12]。

【注释】

[1] 唐高宗：即李治。唐朝皇帝。

[2] 韩瑗、褚遂良：唐代名臣。唐高宗废王皇后时，韩瑗曾泣谏，不被采纳。褚遂良谏阻立武昭仪为后，因此遭贬，韩瑗涕泣力救，亦不被听取。

[3] 朝阳鸣凤：语出《诗·大雅·卷阿》："凤凰鸣矣，于彼高冈。梧桐生矣，于彼朝阳。"比喻贤才遇时而起。《新唐书·韩瑗传》："帝造奉天宫，御史李善感始上疏极言，时人喜之，谓之'凤鸣朝阳'。"

[4] 姜太公：西周名臣吕尚。姜姓，吕氏，名尚，字子牙。家贫，钓于渭滨，文王遇之，与语，大悦曰："吾太公望子久矣。"故称太公望，俗称姜太公。

[5] 渭水：渭河，是黄河的最大支流。

[6] 文王将畋：周文王将要去打猎。周文王，即姬昌，周朝奠基者，一代明君。畋，打猎。

[7] 太史：官名，负责记载史事、编写史书、起草文书，兼管国家典籍和天文历法等。

[8] 螭：龙的一种。《说文解字·虫部》："螭，若龙而黄。北方谓之地蝼，从虫，离声。或无角曰螭。"

[9] 罴：棕熊。《尔雅·释兽》："罴，如熊，黄白文。"

[10] 非熊：后遂以"非熊"为姜太公代称，"非熊兆"也指隐士将被起用的预兆。

[11] 后车：副车。

[12] 尚父：指姜太公，意为可尊敬的父辈。《诗·大雅·大明》："维师尚父，时维鹰扬。"毛传："尚父，可尚可父。"郑玄笺："尚父，吕望也。尊称焉。"一说为吕望之字。马瑞辰《毛诗传笺通释》："'父'与'甫'同。甫为男子美称，尚父，其字也，犹山甫、孔父之属。"

二 冬

越裳献雉　刘累豢龙

越裳[1]氏重三译[2]而来献白雉，曰："天无烈风淫雨[3]，海不扬波[4]三年矣，意中国其有圣人[5]乎？"使者迷其归路。周公[6]作指南车[7]以导之。

夏王孔甲[8]好鬼神之事，肆行淫乱，天降二龙有雌雄，刘累[9]学扰龙[10]于豢龙氏[11]，能饮食之，赐氏曰御龙。

【注释】

[1]越裳：亦作"越常""越尝"，古南海国名。

[2]重三译：辗转翻译。《尚书大传》卷四："成王之时，越裳重译而来朝，曰道路悠远，山川阻深，恐使之不通，故重三译而朝也。"

[3]烈风淫雨：疾风久雨。

[4]扬波：掀起波浪。

[5]圣人：指品德最高尚、智慧最高超的人。这里指圣明的君主。

[6]周公：姬姓，名旦，也称叔旦。是周文王姬昌第四子，周武王姬发的弟弟。西周初期杰出的政治家、军事家、思想家，辅佐周成王治理朝政。

[7]指南车：装有司南，用来指示方向的车。

[8]孔甲：夏代国君，为人残暴昏聩。

[9]刘累：传说中善于驯龙的人。

[10]扰龙：驯龙。

[11]豢龙氏：传说中本为氏名，亦借用为古官名。晋王嘉《拾遗记·炎帝神农》："以降露成池，蓄龙为圃。及乎夏代，世载绵绝，时有豢龙之官。"

姜维胆斗　卢植声钟

姜维[1]为汉大将军，整戎出战，屡为邓艾[2]所破。及维死，剖腹视之，胆大如斗[3]。

后汉[4]卢植[5]为人威严刚毅，声如鈜钟[6]，官至尚书[7]。

【注释】

[1]姜维：三国时蜀汉名将，官至大将军。大将军，古代武官名。始于战国，汉代沿置，为将军最高称号。

[2]邓艾：三国时期魏国杰出的军事家、将领。

[3]胆大如斗：形容人胆量大。一斗为十升。

[4]后汉：即东汉。刘秀称帝，建都洛阳。为别于前汉（即西汉），史称后汉。

[5]卢植：东汉末年经学家、将领。

[6]鈜钟：洪钟。形容人语音响亮，有如大钟的声音。

[7]尚书：官名。始置于战国，或称掌书，尚即执掌之义。东汉时正式成为协助皇帝处理政务的官员。

王濬悬刀　丁固梦松

晋王濬[1]有大志，夜梦悬三刀于屋梁上，须臾[2]又加一刀。濬恶之，季毅贺曰："三刀[3]乃州字，益[4]一刀，其临益州乎？"后果为益州[5]刺史[6]。

吴丁固[7]为尚书，少梦松生腹上，谓人曰："松字，十八公也。我年十八，其为三公[8]乎？"后果如其梦。

【注释】

[1] 王濬：西晋名将。

[2] 须臾：片刻，短时间。

[3] 三刀：此后以"三刀"作为刺史之代称。三刀梦，指高升的梦兆。

[4] 益：增加。

[5] 益州：州名，在今四川省一带。

[6] 刺史：古代官名。原为朝廷所派督察地方之官，后沿为地方长官名称。汉武帝时，分全国为十三州部，部置刺史。

[7] 丁固：三国吴会稽山阴人。少丧父，事母至孝。初为尚书，累迁廷尉、左御史大夫。孙皓即位后，迁司徒。

[8] 三公：古代中央三种最高官衔的合称，东汉以太尉、司徒、司空为三公。

坡公奎壁　曼卿芙蓉

徽宗[1]设醮[2]，道士拜章[3]伏地，许久方起曰："适至上帝所，值奎宿[4]奏事良久，待其毕，始得达章疏也。"帝问："奎宿何神为之？"对曰："乃本朝臣苏轼[5]也。"上大惊，遂弛其文禁[6]。

石曼卿[7]卒，其故人有见之者，恍惚如梦中，言："我今为〔芙蓉城〕[8]主。"欲呼故人共游，不诺，忽然骑一素驴而去。

【注释】

[1] 徽宗：即宋徽宗赵佶。崇奉道教，大兴道观，自称"教主道君皇帝"。

[2] 设醮：道士设立道场祈福消灾。

[3]拜章：对鬼神上祈祷文。章，即绿章，旧时道士祭天时所写的奏章表文，用朱笔写在青藤纸上，故名。

[4]奎宿：星宿名。二十八宿之一，为西方白虎七宿的第一宿，有星十六颗。因其形似胯而得名。古人多因其形亦似文字而认为它主文运和文章。

[5]苏轼：北宋文学家，号东坡居士，故又称坡公。

[6]文禁：文化禁令。

[7]石曼卿：北宋文学家石延年，字曼卿。

[8]芙蓉城：古代传说中的仙境。宋欧阳修《六一诗话》："曼卿卒后，其故人有见之者云，恍惚如梦中，言我今为鬼仙也，所主芙蓉城。"苏轼《芙蓉城》诗："芙蓉城中花冥冥，谁其主者石与丁。"

三　江

斗雷绕塔　斫水渡江

齐神武[1]道逢雷雨，前有浮图[2]，使薛孤延[3]视之。孤延见雷火震烧浮图，大声喝杀，绕浮图走，火遂灭。及还，须发皆焦，神武曰："卿乃能与霹雳斗。"

王闳渡钱塘[4]，遭风，船欲覆。闳拔剑斫水[5]痛骂伍子胥[6]，风稍缓，获济[7]。

【注释】

[1]齐神武：东魏将领高欢。死后，其子高洋代东魏称齐帝，他被追尊为神武帝。

[2]浮图：佛塔，又作"浮屠"。

[3]薛孤延：北齐将领，从高欢起兵，勇决善战。

[4]钱塘：浙江的下游称钱塘江。

[5] 斫水：斩水。

[6] 伍子胥：即伍员，字子胥，春秋名臣。《太平广记》卷二百九十一："伍子胥累谏吴王，赐属镂剑而死。临终，戒其子曰：'悬吾首于南门，以观越兵来。以鲽鱼皮裹吾尸，投于江中，吾当朝暮乘潮，以观吴之败。'"后遂以伍子胥为钱塘潮神。

[7] 获济：得以安全渡过。

散花法座　离垢宝幢

梁高僧讲经于天龙寺[1]，天雨宝花[2]，缤纷而下。

西方有佛，监一宝幢，纤尘不染，名曰离垢幢[3]，诸弟子起七宝塔[4]以庄严[5]之。

【注释】

[1] 天龙寺：不详。按，宋周应合《建康志·台观》："雨花台在城南三里，据冈阜最高处，俯瞰城闉。考证旧传梁武帝时有云光法师讲经于此，感天雨花，故赐名。"则寺在建康，即今南京。

[2] 天雨宝花：高僧说法时的异象。《法华经》卷五《分别功德品》："佛说是诸菩萨摩诃萨得大法利时，于虚空中，雨曼陀罗华，摩诃曼陀罗华。以散无量百十万亿众宝树下师子座上诸佛。"

[3] 离垢幢：幢，经幢，刻有佛号或经咒的石柱。离垢，佛教语，谓远离尘世烦恼。

[4] 七宝塔：以七宝铸成的宝塔。七宝，佛经中说法不一，泛指多种宝物。

[5] 庄严：佛教谓用善美之物盛饰国土。

·11·

四 支

炎帝精卫　大禹支祁

炎帝[1]女溺死渤瀣海[2]中，化为精卫[3]鸟，日衔西山木石，以填渤瀣，至死不倦。

大禹[4]治水，至桐柏山，获水怪名无支祁[5]，形似猕猴，力逾九鼎[6]，人不可视。乃命庚辰[7]锁禁于山麓水底，淮水[8]乃安。

【注释】

[1]炎帝：传说中上古部落首领。

[2]渤瀣海：即渤海。《文选·子虚赋》："浮渤瀣，游孟诸。"李善注引应劭曰："渤瀣，海别支也。"

[3]精卫：神话中鸟名。《山海经·北山经》："又北二百里，曰发鸠之山，其上多柘木。有鸟焉，其状如乌，文首、白喙、赤足，名曰精卫，其鸣自詨。是炎帝之少女名曰女娃，女娃游于东海，溺而不返，故为精卫，常衔西山之木石，以堙于东海。漳水出焉，东流注于河。"

[4]大禹：夏代开国国君。禹亲历各地疏通江河，治理洪水。《尚书·大禹谟》："曰若稽古大禹。"伪孔安国传："禹称大，大其功。"

[5]无支祁：古代传说中淮水水怪名。唐李肇《唐国史补》卷上："楚州有渔人，忽于淮中钓得古铁锁，挽之不绝，以告官，刺史李阳大集人力引之。锁穷，有青猕猴跃出水，复没而逝。后有验《山海经》云：'水兽好为害，禹锁于军山之下，其名曰无支奇。'"

[6]九鼎：《史记·封禅书》："禹收九牧之金，铸九鼎。"

[7]庚辰：古代传说中的助禹治水之神。《太平广记》卷四百六十七引《岳渎经》："乃获淮涡水神，名无支祁，善应对言语，辨江淮之浅深，

原隰之远近。形若猿猴,缩鼻高额,青躯白首,金目雪牙。颈伸百尺,力逾九象,搏击腾踔疾奔,轻利倏忽,闻视不可久。禹授之童律,不能制;授之乌木由,不能制;授之庚辰,能制。鸱脾、桓胡、木魅、水灵、山妖、石怪,奔号聚绕以千数。庚辰以战逐去。颈锁大索,鼻穿金铃,徙淮阴之龟山之足下,俾淮水永安流注海也。"

[8]淮水:淮河。

太公覆水　五羖烹雌

姜太公初娶马氏,太公读书,不事产业[1],马求去。及太公封齐[2],马求再合。太公取水一盆倾于地,令妇收水,惟得其泥。太公曰:"若能离更合,覆水岂难收?"

百里奚[3]为秦相,堂上作乐,有浣衣妇自言知音,援琴歌曰:"百里奚,五羊皮。忆别时,烹伏雌[4],炊扊扅[5]。今当富贵忘我为。"寻问之,乃其妻也。

【注释】

[1]产业:生产之业。

[2]太公封齐:周武王灭商后,采取分封制,封姜尚为齐地国君。

[3]百里奚:春秋时人。初事虞公为大夫。晋献公灭虞,被俘入晋。晋嫁穆姬于秦,被用为陪嫁之臣。后,走楚国宛地,为楚人所执。秦穆公用五张牡黑羊皮赎回,为大夫,世称"五羖大夫"。

[4]伏雌:母鸡。

[5]扊扅:门闩。北齐颜之推《颜氏家训·书证》:"然则当时贫困,并以门牡木作薪炊耳。"北宋郭茂倩《乐府诗集》引《字说》曰:"门关谓之扊扅,或作剡移。"

张良[1]辟谷[2]　李泌烧梨

张良从帝入关,即导引[3]不食谷,乃曰:"吾以三寸舌[4]为帝者师,封万户侯[5],此布衣之极,于良足矣。愿弃人间事,从赤松子[6]游耳。"

唐肃宗[7]夜召李泌[8],与颖王[9]等三弟同坐地炉罽毯[10]上。时泌绝粒食[11]久,上自烧二梨以赐之,因与诸王联句[12]曰:"夜抱九仙骨,朝披一品衣。不食千钟[13]粟,惟餐两个梨。"每引导,骨节皆珊然有声,时人谓之"锁子骨"[14]。

【注释】

[1]张良:秦末汉初杰出谋臣,字子房。与韩信、萧何并称为"汉初三杰"。

[2]辟谷:不食五谷,道教的一种修炼术。辟谷时,仍食药物,并须兼做导引等工夫。《史记·留侯世家》:"留侯从入关。留侯性多病,即道引不食谷,杜门不出岁馀。"南朝宋·裴骃《史记集解》引《汉书音义》曰:"服辟谷之药,而静居行气。"

[3]导引:导气引体,古医家、道家的养生术。唐慧琳《一切经音义》卷十八:"凡人自摩自捏,申缩手足,除劳去烦,名为导引。若使别人握搦身体,或摩或捏,即名按摩也。"

[4]三寸舌:指能言善辩、能以言语胜人。《史记·平原君虞卿列传》:"毛先生以三寸之舌,强于百万之师。"

[5]万户侯:食邑万户之侯,泛指高爵显位。

[6]赤松子:相传为上古时神仙。《列仙传》:"赤松子者,神农时雨师也,服水玉以教神农,能入火自烧。往往至昆仑山上,常止西王母石室中,随风雨上下。"

[7] 唐肃宗：李亨，唐朝皇帝，唐玄宗第三子。

[8] 李泌：字长源，唐代名臣。历仕肃宗、代宗、德宗三朝，德宗时拜相。累封邺县候。好谈神仙诡道。

[9] 颍王：李璬，玄宗第十三子。

[10] 罽毯：毛毯。

[11] 绝粒食：道家以摒除火食、不进五谷求得延年益寿的修养术。

[12] 联句：作诗方式之一。由两人或多人各成一句或几句，合而成篇。

[13] 千钟：古以六斛四斗为一钟，一说八斛为一钟，又谓十斛为一钟。千钟粟言极多的粮食，也指优厚的俸禄。

[14] 锁子骨：指得道之人联结如锁状的骨节。

邺令[1]投妪　狄公焚祠

西门豹[2]为邺令，闻民间为河伯[3]娶妇。豹往视之，诡言女丑，令巫妪[4]往问之，投巫水中，不报。再杀童子一人，又不报。欲投豪长者[5]，皆叩头流血。后无复敢言河伯娶妇者。

狄梁公[6]为江南巡抚[7]，拆毁吴楚[8]淫祠[9]一千七百馀所，独留夏禹、泰伯[10]、季札[11]、伍员[12]四祠，有《焚西〔楚霸王〕庙檄文》传世。

【注释】

[1] 邺令：邺地的长官。邺，古地名。在今河南北部安阳和河北临漳县西南一带。

[2] 西门豹：战国初魏国人，著名的政治家、水利家。

[3] 河伯：传说中的河神。

[4] 巫妪：巫婆。

[5] 豪长者：地方豪绅。

· 15 ·

[6] 狄梁公：指唐代名臣狄仁杰，死后追封梁国公，故称。

[7] 巡抚：巡抚使，官名。主要由中央官员巡察地方事务。

[8] 吴楚：泛指春秋吴楚之故地。即今长江中、下游一带。

[9] 淫祠：不合礼义而设置的祠庙，邪祠。

[10] 泰伯：亦作太伯。商代人。周太王古公亶父长子，季历之长兄。古公亶父欲传位于季历，泰伯乃与弟仲雍避至江南，自号句吴，建立了吴国。

[11] 季札：又称公子札，春秋时吴国人。吴王寿梦少子。封于延陵，称延陵季子。后又封州来，称延州来季子。父寿梦欲立之，辞让。兄诸樊欲让之，又辞。诸樊死，其兄馀祭立。馀祭死，夷昧立。夷昧死，将授之国而避不受。夷昧之子僚立。公子光使专诸刺杀僚而自立，即阖闾。札虽服从，而哭僚之墓。贤明博学，屡次聘问中原诸侯各国，会见晏婴、子产、叔向等。聘鲁，观周乐。过徐，徐君好其佩剑，以出使各国，未即献。及还，徐君已死，乃挂剑于徐君墓树而去。

[12] 伍员：即伍子胥。详见11页。

杨朱泣路　墨翟悲丝

《淮南子》[1]曰：墨翟[2]见练丝[3]而悲之，为其可以黄可以黑。杨朱[4]见歧路[5]而泣之，为其可以南，可以北。

【注释】

[1] 淮南子：书名，又名《淮南鸿烈》。西汉淮南王刘安及其门客编写的著作，属于杂家著作。

[2] 墨翟：墨子，春秋战国之际思想家，墨家学派的创始人。

[3] 练丝：未染色的熟丝。墨子感伤世人随波逐流、不能自拔，犹如洁丝染色，失去本来面目，故而悲之。

[4]杨朱：战国时期思想家、哲学家。杨朱主张"为我"，墨翟主张"兼爱"，是战国时期与儒家对立的两个重要学派。

[5]岐路：岔路。岐路，今多作歧路，岐、歧通用。杨朱泣岐，常引作典故，用来表达对世道崎岖，担心误入歧途的感伤忧虑。

何晏傅粉　杜祐凝脂

魏何晏[1]有美姿[2]，面至白，文帝疑其傅粉[3]。夏月令食汤饼[4]，汗出，以巾拭之，其色愈白。

杜祐[5]貌美，有盛名于江左[6]。王右军[7]见之，曰："肤如凝脂[8]，眼如点漆[9]，神仙中人也。"

【注释】

[1]何晏：三国时期魏国玄学家。

[2]美姿：美好的姿容。

[3]傅粉：搽粉。

[4]汤饼：水煮的面食。

[5]杜祐：按，应为杜乂，字弘治。镇南将军杜预之孙，尚书左丞杜锡之子。据《晋书》卷九十三："性纯和，美姿容，有盛名于江左。王羲之见而目之曰：'肤若凝脂，眼如点漆，此神仙人也。'"

[6]江左：江东。指长江下游以东地区。五代丘光庭《兼明书·杂说·江左》："晋、宋、齐、梁之书，皆谓江东为江左。"清魏禧《日录·杂说》："江东称江左，江西称江右，何也？曰：自江北视之，江东在左，江西在右耳。"

[7]王右军：东晋书法家王羲之，官拜右军将军，故称之。

[8]凝脂：凝固的油脂，常用以形容洁白柔润的皮肤。《诗经·卫风·硕人》："肤如凝脂。"

[9]点漆：指眼睛乌黑明亮。

宿瘤采桑　漆室忧葵

东郭[1]女以项有瘤，故名宿瘤。齐闵王[2]出游，百姓皆往观，女独采桑不顾。王召问之，对曰："女受命采桑，不敢视大王。"王曰："此奇女也。"聘以为后。

鲁漆室[3]之女倚柱而哭，邻妇问之，女曰："昔晋客舍我家，放马园中，佚驰走践吾葵[4]，使我终岁不得食葵。今鲁国有患，君臣父子皆受其辱，妇人独安逃乎？"

【注释】

[1] 东郭：东城外。后以东郭女宿瘤为作为丑女的典型，然颇有才德，能劝闵王行仁义。

[2] 齐闵王：齐宣王之子，战国时期齐国第六任国君。

[3] 漆室：春秋时期鲁国邑名。后以漆室忧葵作为关心国事的典故。

[4] 葵：蔬菜名，我国古代重要蔬菜之一。

秉去三惑　震畏四知

汉杨震[1]为东莱[2]太守[3]，举故人王密为昌邑[4]令。密怀金谢之，震曰："故人知君，君不知〔故人，何〕也？"密曰："暮夜无知者。"震曰："天知，地知，〔我知，子〕知，何谓无知？"密愧而去。震次子秉为太尉[5]，居官清正，尝曰："我有三不惑，酒、色、财也。"

【注释】

[1] 杨震：字伯起。弘农华阴人。东汉时期名臣。

[2] 东莱：郡名，在今山东烟台、威海一带。

[3]太守：官名。秦置郡守，汉景帝时改名太守，为一郡最高的行政长官。

[4]昌邑：地名，在今山东。

[5]太尉：全国军事首脑，东汉时太尉与司徒、司空并称三公。

处仲击唾　孟德弹棋

王处仲[1]每酒后辄咏"老骥伏枥[2]，志在千里。烈士暮年，壮心不已"，以如意打唾壶[3]，壶口尽缺。

弹棋[4]始自魏宫内妆奁戏，魏武帝[5]于此戏特妙，用手巾角拂之，无不中。有客自云能，帝使为之。客着葛巾[6]角，低头拂棋，其妙逾于帝。

【注释】

[1]王处仲：东晋权臣王敦，字处仲，琅琊临沂人。有夺权之心，最后发动政变，史称王敦之乱。

[2]老骥伏枥：此四句出自曹操《龟虽寿》。

[3]唾壶：古时一种小口巨腹的吐痰器皿。后亦用"击唾壶"以形容抒发壮怀或忧愤不平之情。

[4]弹棋：古代博戏之一。《西京杂记》卷二："成帝好蹴鞠，群臣以蹴鞠为劳体，非至尊所宜。帝曰：'朕好之，可择似而不劳者奏之。'家君作弹棋以献。帝大悦。"《后汉书·梁冀传》："〔梁冀〕性嗜酒，能挽满、弹棋、格五、六博、蹴鞠、意钱之戏。"李贤注引《艺经》曰："弹棋，两人对局，白黑棋各六枚，先列棋相当，更先弹之。其局以石为之。"至魏改用十六棋。

[5]魏武帝：曹操，字孟德，东汉末年军事家、政治家、文学家。卒谥武，魏文帝黄初时追尊武帝。按，弹棋之事，当系于魏文帝曹丕，事见《世说新语》，此系于武帝曹操，或是张岱误记。

[6]葛巾：用葛布制成的头巾。

贾生[1]赋鵩　庄子牵牺

贾谊，洛阳人。年十八，能属文。〔文〕帝拜大中大夫[2]，徙迁长沙太傅[3]。三年，有鵩飞入坐隅，谊谓不祥，赋鵩[4]自解。

楚使征聘庄周[5]，周谓使者曰："子见牺牛[6]乎？衣文绣，食刍豆[7]，若贵于群牛，至牵入太庙[8]，求为孤犊[9]，得乎？"

【注释】

[1]贾生：《史记·屈原贾生列传》："贾生名谊，洛阳人也。"西汉初年著名政论家、文学家。

[2]大中大夫：太中大夫，官名。秦官，掌论议，西汉沿置，位居诸大夫之首。

[3]长沙太傅：贾谊贬官长沙，任长沙王太傅，辅佐长沙王。

[4]鵩：古书上说的一种不吉祥的鸟，形似猫头鹰。《汉书·贾谊传》："长沙卑湿，谊自伤悼，以为寿不得长，乃为赋以自广。"后以"赋鵩"指仕途失意。

[5]庄周：庄子，战国时期思想家，道家主要代表人物。

[6]牺牛：古代祭祀用的纯色牛。《礼记·曲礼下》："天子以牺牛，诸侯以肥牛。"后借指入仕做官。

[7]刍豆：草和豆。指牛马的饲料。

[8]太庙：帝王的祖庙。

[9]孤犊：无母的小牛。

韩非孤愤　梁鸿五噫

韩非[1]为韩之诸公子，见韩削弱，数以书谏韩王，王不能用，遂作《孤愤》[2]《五蠹》[3]之说十馀万言。

梁鸿[4]隐霸陵[5]山中，以耕织为业。时出关过京师[6]，尝作《五噫[7]之歌》。

【注释】

[1] 韩非：战国末年的哲学家和政治家，法家代表人物，出身于韩国贵族。

[2] 孤愤：韩非所著的书篇名。《史记·老子韩非列传》："〔韩非〕悲廉直不容于邪枉之臣，观往者得失之变，故作《孤愤》。"司马贞《索隐》："孤愤，愤孤直不容于时也。"

[3] 五蠹：韩非所著的书篇名。指斥学者、言谈者、带剑者、患御者、商工之民为危害国家的五种蠹民。蠹，蛀虫。

[4] 梁鸿：字伯鸾，扶风平陵人，东汉隐士。

[5] 霸陵：古地名。故址在今陕西省西安市东。汉文帝葬于此，故称。

[6] 京师：国都，此指洛阳。

[7] 五噫：诗歌篇名。相传为梁鸿所作，表达了对政府腐败的慨叹。全诗五句，句末均有"噫"字。《后汉书·逸民传·梁鸿》："因东出关，过京师，作五噫之歌，曰：'陟彼北芒兮，噫！顾览帝京兮，噫！宫室崔嵬兮，噫！人之劬劳兮，噫！辽辽未央兮，噫！'"

秦琼雷驳　项籍乌骓

唐秦琼[1]所乘马名忽雷驳[2]，喂料时每饮以酒，常于月下试之，能竖越三领黑毡。琼卒，嘶鸣不食而死。

韩信[3]围项王[4]于垓下[5]，四面皆楚歌[6]。项王夜起，饮帐中，歌曰："力拔山兮气盖世，时不利兮骓不逝[7]。骓不逝兮可奈何，虞兮[8]虞兮奈若何！"歌数曲，美人和之，项王泣数行下，左右皆泣，莫能仰视。

【注释】

[1] 秦琼：字叔宝，唐初名将。

[2] 忽雷驳：骏马名。

[3] 韩信：淮阴人，西汉开国功臣，"汉初三杰"之一。

[4] 项王：指项籍。秦末下相人，字羽，又称项羽。秦亡，自立为西楚霸王，与刘邦争天下。

[5] 垓下：古地名。在今安徽省灵璧县东南。此段中项羽所歌，又名《垓下歌》。

[6] 楚歌：楚人之歌。后以四面楚歌比喻处于四面受敌、孤立无援的困境。《史记·项羽本纪》："项王军壁垓下，兵少食尽，汉军及诸侯兵围之数重。夜闻汉军四面皆楚歌，项王乃大惊，曰：'汉皆已得楚乎？是何楚人之多也！'"楚地，指古楚国所辖之地，因此刘邦、项羽皆是楚人。

[7] 骓不逝：骓，即项羽坐骑乌骓马。骓不逝，即乌骓马难以飞奔。

[8] 虞兮：《史记·项羽本纪》："有美人名虞，常幸从；骏马名骓，常骑之。"虞，即后世所言虞姬。兮，语气助词。

东山[1]破斧[2]　博浪操椎

管叔鲜[3]、蔡叔度[4]、霍叔处[5]挟武庚以叛。王命周公东征，杀武庚[6]，诛鲜，囚度，降处为庶人[7]。

韩人张良五世相韩[8]。及韩亡，良散千金之产为韩报仇。始皇东游,至博浪沙[9]中,良与力士操铁椎[10]狙击始皇,误中副车[11]。始皇大惊,求贼不得,令天下大索[12]十日。

【注释】

[1] 东山:诗经篇名。《诗·豳风·东山》:"我徂东山,慆慆不归。"朱熹集传:"东山,所征之地也。"后因以代指远征或远行之地。

[2] 破斧:诗经篇名。赞美周公平定管、蔡、商、奄四国的叛乱,伐罪救民。《毛诗序》:"《破斧》,美周公也,周大夫以恶四国焉。"

[3] 管叔鲜:姬姓,名鲜。周文王第三子,武王弟。武王灭商,封叔鲜于管。

[4] 蔡叔度:姬姓,名度。周文王第五子,武王弟。武王灭商,封叔度于蔡。

[5] 霍叔处:姬姓,名处。周文王第八子,武王弟。武王灭商,封叔处于霍。

[6] 武庚:商末周初人,名禄父。纣王之子。武王克商,封武庚为殷君,以续殷商之祀。

[7] 庶人:平民百姓。

[8] 五世相韩:指张良的祖、父相继做了五代韩王的丞相。颜师古注:"从昭侯至悼惠王,凡五君也。"

[9] 博浪沙:地名。在今河南省原阳县东南。

[10] 铁椎:即铁锤。《史记·留侯世家》:"良尝学礼淮阳,东见仓海君。得力士,为铁椎重百二十斤。"

[11] 副车:皇帝的从车。司马贞《史记索隐》:"《汉官仪》:'天子属车三十六乘。'属车即副车,而奉车郎御而从后。"

[12] 大索:大力搜索。

五　微

游山覆锦　掷骰赐绯

钱镠[1]王游衣锦城[2],宴故老,山林皆覆以锦,号其幼所尝戏大木曰衣锦将军。

唐明皇[3]与贵妃双陆[4],将北[5],惟重四[6]可转败为胜。上连呼叱之,骰旋转而为重四。上大悦,命高力士赐四以绯[7]。今骰子饰四以朱始此。

【注释】

[1] 钱镠:五代时吴越国创建者,字具美,小字婆留,杭州临安人。

[2] 衣锦城:地名,即今浙江临安。《新五代史·吴越世家》:"昭宗诏镠图形凌烟阁,升衣锦营为衣锦城。"又:"镠素所居营曰衣锦营。"衣锦,原出自《史记·项羽本纪》:"项王见秦宫皆以烧残破,又心怀思欲东归,曰:'富贵不归故乡,如衣绣夜行,谁知之者!'"

[3] 唐明皇:即唐玄宗李隆基。因其谥号为至道大圣大明孝皇帝,故称。贵妃,即杨玉环。

[4] 双陆:古代一种博戏。明谢肇淛《五杂组·人部二》:"曰双陆者,子随骰行,若得双陆,则无不胜也。又名'长行',又名'波罗塞戏'。其法以先归宫为胜,亦有任人打子,布满他宫,使之无所归者,谓之'无梁',不成则反负矣。其胜负全在骰子,而行止之间,贵善用之。"陆,六也。

[5] 北:败北。

[6] 重四:两个四点。

[7] 绯:红色。赐绯本是指赐给绯色的官服,唐玄宗给骰子的"四"涂成红色,以示褒奖。

张衡天象　大舜璿玑

张衡[1]善机巧[2]，尤精天文历算[3]。为太史令[4]，〔作〕浑天仪[5]，又作候风地动仪[6]，巧夺天工，人莫能测。

大舜以正月上日[7]受终[8]于文祖[9]，在璿玑玉衡[10]，以齐七政[11]，肆类[12]于上帝[13]，禋于六宗[14]，望于山川，遍于群神。

【注释】

[1]张衡：字平子，南阳西鄂人，东汉时期著名天文学家、文学家。

[2]机巧：灵巧的机械装置。

[3]历算：历法算术。

[4]太史令：官名，掌管天文历算。

[5]浑天仪：古代观测天体位置的仪器。

[6]候风地动仪：一种观测地震的仪器。《后汉书·张衡传》："复造候风地动仪。以精铜制成，员径八尺，合盖隆起，形似酒尊，饰以篆文山龟鸟兽之形。中有都柱，傍行八道，施关发机。"

[7]上日：即农历初一。

[8]受终：承受帝位。

[9]文祖：尧始祖之庙。

[10]璿玑玉衡：即"璇玑玉衡"，天文仪器。《尚书·舜典》："在璿玑玉衡，以齐七政。"孔传："璿，美玉。玑衡，王者正天文之器，可运转者。"孔颖达疏："玑衡者，玑为转运，衡为横箫，运玑使动于下，以衡望上。是王者正天文之器。汉世以来谓之浑天仪者是也。"

[11]七政：指日、月和金、木、水、火、土五星。

[12]肆类：祭天之礼。

[13] 上帝：天帝。

[14] 禋于六宗：祭祀六神。六宗为何神，汉以来诸说不一，兹不赘述。

六　鱼

卫武懿戒　吕望丹书

卫武公[1]年九十五，犹箴儆[2]于国，曰："无谓[3]我老耄[4]而舍我，必恪恭[5]朝夕以交戒[6]。"因作《懿戒》[7]以自儆。及卒，谓之睿圣[8]武公。

尚父[9]作丹书[10]，谓武王[11]曰："敬胜[12]怠[13]者吉，怠胜敬者灭。义胜欲者从，欲胜义者凶。"王闻之，惕若恐惧，退而为戒铭，书于楹几户牖[14]。

【注释】

[1]卫武公：春秋时卫国国君，名和。

[2]箴儆：规戒。

[3]无谓：不要以为。

[4]老耄：泛指衰老。

[5]恪恭：恭谨。

[6]交戒：不断告诫。

[7]懿戒：卫武公所作，《诗经·大雅》中的《抑》，又名《懿戒》，卫武公用以自警。

[8]睿圣：睿智圣明。

[9]尚父：指吕望，即姜子牙。

[10]丹书：朱笔书写的文字。

[11]武王：周武王姬发。

[12]胜：胜过。

[13] 怠：懈怠轻慢。

[14] 楹几户牖：泛指各种家具。楹，厅堂前部的柱子。几，席地而坐时有靠背的坐具。户牖，门窗。

冯异大树　千秋小车

后汉冯异[1]为人谦退，当诸将论功，异独坐大树下，不自矜伐[2]。上[3]分隶[4]士卒，皆言愿属大树将军。

田千秋[5]为丞相，年老，上优礼[6]之，乃乘小车至殿，因号"小车丞相"。

【注释】

[1] 冯异：字公孙，东汉名将。性谦让，诸将争功时，常退避树下，军中号为"大树将军"。

[2] 矜伐：夸耀功绩。

[3] 上：指汉光武帝刘秀。

[4] 分隶：分配隶属。

[5] 田千秋：西汉人，汉武帝时为丞相，《汉书·车千秋传》："车千秋，本姓田氏。"以年老得乘小车入宫朝见，号车丞相，子孙因此以车为氏。

[6] 优礼：优待礼遇。

孟母却鲊　羊续悬鱼

吴孟宗[1]除[2]盐池司马[3]，自能结网捕鱼。作鲊[4]寄母，母却[5]之，曰："汝为鱼官，以鲊寄我，非避嫌也。"

汉羊续[6]为南阳[7]太守，府丞[8]献鱼，续受而悬之。他日又送，续出前悬鱼[9]示之，乃止。

· 27 ·

【注释】

[1] 孟宗：三国吴江夏人，字恭武。

[2] 除：任官。

[3] 盐池司马：官名，管理渔业和盐业。

[4] 鲊：一种用盐和红曲腌的鱼。

[5] 却：拒绝。

[6] 羊续：东汉泰山平阳人，字兴祖。

[7] 南阳：郡名。秦置，在今河南南阳府和湖北襄阳一带。

[8] 府丞：太守的属官。

[9] 悬鱼：后以"悬鱼"指为官清廉。

轮扁斲轮　梓庆削鐻

桓公[1]读书堂上，轮扁[2]斲轮[3]堂下。问公："读何书？"曰："古书。"扁曰："古人往矣，此其糟魄[4]也。若臣之斲轮，则得心应手，虽父不能传之子也。视此糟魄奚为？"

梓庆[5]削木为鐻，鐻成，惊犹鬼神。鲁侯问："子何术至此？"对曰："臣之削鐻[6]，斋[7]三日而不敢怀[8]庆赏爵禄，斋五日而不敢怀非誉巧拙，斋七日而忘吾有四骸形体。盖以天合人，器之所以凝神也。"

【注释】

[1] 桓公：齐桓公。春秋时齐国国君，姜姓，名小白。

[2] 轮扁：春秋时齐国有名的造车工人。

[3] 斲轮：斫木制造车轮。后以"斲轮"借指经验丰富、水平高超。

[4] 糟魄：即糟粕。本义是酒滓，喻指粗恶食物或事物的粗劣无用者。

[5] 梓庆：叫庆的木匠。梓，即梓人，古代木工的一种。

[6] 削鐻：制作鐻。《庄子》成玄英疏："鐻者，乐器，似夹钟。亦言鐻似虎形，刻木为之。"后用为神志专注的典实。

[7] 斋：斋戒。

[8] 怀：想到。

霁云截指　吴起吮疽

睢阳[1]围急，令南霁云[2]往贺兰[3]请救，兵不发而大飨[4]霁云。乐作，云泣曰："昨出睢阳时，士不粒食已弥月[5]矣。今大夫[6]不发兵，而广设声乐，义不忍独享，请置一指以示信，归报中丞[7]。"因拔佩刀断指，一座皆惊，为出涕[8]，卒不食而去。

吴起[9]为魏将，为卒吮疽[10]，其母哭之。人曰："子卒也，而将军自吮其疽，何哭为？"答曰："昔将军为其父吮疽，战不旋踵[11]，遂死于敌。今又吮其子，吾不知其死所[12]矣。"后起伐楚，卒果先杀。

【注释】

[1] 睢阳：地名，今属河南省商丘市。

[2] 南霁云：唐魏州顿丘人，被张巡派遣突围，前往贺兰进明处请救兵。

[3] 贺兰：贺兰进明，河南节度使兼御史大夫，以重兵守临淮，终不救睢阳。

[4] 大飨：指上级以酒食慰劳下级。

[5] 弥月：整月。

[6] 大夫：御史大夫。

[7] 中丞：此指御史中丞张巡。

[8] 出涕：流泪。

[9] 吴起：战国时卫国左氏人，著名军事家。

[10] 吮疽：以口噏吸疮疽之毒。谓将帅体恤士卒。

[11] 战不旋踵：战斗时不转动脚跟，指决不退却逃跑。

[12] 死所：死的地方。

荆州息壤　宁海尾闾[1]

息壤[2]地名有二：一在荆州[3]，一在永州[4]，地中不可犯畚锸[5]，犯者即死。

台州宁海[6]县东海中水湍急，陷为大涡者十馀处，百凡浮物，近之则溺。

【注释】

[1] 尾闾：古代传说中泄海水之处。《庄子·秋水》："天下之水，莫大于海，万川归之，不知何时止而不盈；尾闾泄之，不知何时已而不虚。"

[2] 息壤：古代传说的一种能自生长，永不减耗的土壤。

[3] 荆州：地名，今属湖北荆州。

[4] 永州：地名，今属湖南永州。

[5] 畚锸：畚，盛土器；锸，起土器。泛指挖运泥土的用具。亦借指土建之事。

[6] 宁海：地名，今浙江省宁海县。

轩辕二酉　董遇三馀

大酉山、小酉山谓之二酉[1]，为轩辕[2]黄帝藏书之处。

董遇[3]读书谓有三馀[4]，冬者岁之馀，夜者日之馀，雨者月之馀。

【注释】

[1]二酉：二山在今湖南省沅陵县西北。《太平御览》卷四九引盛弘之《荆州记》曰："小酉山上石穴中有书千卷，相传秦人于此而学，因留之。故梁湘东王云'访西阳之逸典'是。"

[2]轩辕：传说中的古代帝王黄帝的名字。《史记·五帝本纪》："黄帝者，少典之子，姓公孙，名曰轩辕。"

[3]董遇：三国魏弘农人，字季直。作《老子注》。

[4]三馀：后来泛指空闲时间。按，"雨者月之馀"，《三国志》原文作"阴雨者时之馀"。

七 虞

虞廷[1]六瑞　光武五铢

六瑞[2]：王执镇圭，公执桓圭，侯执信圭，伯执躬圭，子执谷璧，男执蒲璧。此虞制也。

蜀[3]中谣曰："黄牛白腹，五铢[4]当复。"时人窃意王莽[5]称黄，公孙述[6]继之，故称白。五铢，汉家货，明当复也。术遂诛灭，光武[7]起于南阳白水乡[8]，白腹当应于此。

【注释】

[1]虞廷：指虞舜的朝廷。舜，因其先国于虞，故称虞舜。

[2]六瑞：王及五等诸侯于朝聘时所持之六种玉制信符。《礼记·王制》："王者之制禄爵，公、侯、伯、子、男，凡五等。"《周礼》郑玄注："镇，安也，所以安四方；镇圭盖以四镇之山为瑑饰，圭长尺有二寸。公，二王之后，及王之上公。双植谓之桓；桓，宫室之象，所以安其上也；桓圭盖亦以桓为瑑饰，圭长九寸。信当为身，声之误也；身圭、躬圭盖皆

象以人形为琢饰，文有粗缛耳，欲其慎行以保身；圭皆长七寸。谷所以养人，蒲为席所以安人；二玉盖或以谷为琢饰，或以蒲为琢饰；璧皆径五寸。不执圭者，未成国也。"

[3] 蜀：古族名、国名、郡名，在今四川一带。

[4] 五铢：钱币名。汉武帝元狩五年始铸，重五铢，上篆"五铢"二字。铢，古代衡制中的重量单位，一两的二十四分之一为一铢。

[5] 王莽：西汉末济南东平陵人，新朝的建立者，字巨君。《汉书·五行志》："成帝时歌谣又曰：'邪径败良田，谗口乱善人。桂树华不实，黄爵巢其颠。故为人所羡，今为人所怜。'桂，赤色，汉家象。华不实，继无嗣也。王莽自谓黄象，黄爵巢其颠也。"

[6] 公孙述：扶风茂陵人，字子阳。王莽时为导江卒正，后自立为蜀王，自号白帝。

[7] 光武：汉光武帝刘秀。

[8] 白水乡：在今湖北省枣阳市南三十里。西汉元帝时，徙春陵侯国于此。

聂政抉目　李绩燎须

聂政[1]刺韩相侠累[2]，皮面抉目[3]，自屠出肠，其姊往哭之曰："是轵深井里[4]聂政也，以妾在，故自刑[5]以灭迹，妾敢畏死以泯贤弟之名哉？"遂死于政尸之旁。

李绩[6]性友爱，其姊病，常自为粥而燎[7]其须。姊戒止之，绩曰："姊且疾而绩且老，虽欲进粥，尚几何？"

【注释】

[1] 聂政：聂政，战国时期的侠客，韩国轵人，以任侠著称。

[2] 侠累：战国时韩国人，名傀。韩哀侯时为相。与严遂有怨恨，

严遂购聂政刺杀之。

[3] 皮面抉目：刀割面皮，挖出眼睛。

[4] 轵深井里：聂政的乡里。在今河南省济源市。

[5] 自刑：自残肢体。

[6] 李绩：唐初名将。曹州离狐人，字懋功。本姓徐，赐姓李，名世绩，后以犯太宗讳，单名绩。凌烟阁二十四功臣之一。

[7] 燎：烧。

季札挂剑　徐稚致刍

吴季札[1]使北，过徐君[2]，徐君欲其剑而不言。季札心知之。比反[3]，徐君已死，札乃解剑挂徐〔君〕冢树[4]而去。

徐稚[5]字孺子。时郭林宗[6]母丧，〔稚〕往吊之，致生刍[7]一束于庐[8]前而去。林宗曰："诗云'生刍一束，其人如玉'，此必南州[9]高士徐孺子也。"

【注释】

[1] 季札：春秋时吴国人，吴王寿梦少子。详见16页。

[2] 徐君：春秋时徐国国君。

[3] 比反：等到返回。

[4] 挂剑：后以"挂剑"为怀念亡友或对亡友守信的典故。亦以讳称朋友逝世。

[5] 徐稚：东汉豫章南昌人，字孺子。家贫，常自耕稼，恭俭义让。

[6] 郭林宗：郭泰，东汉末学者。泰或作太，字林宗，太原介休人。

[7] 生刍：鲜草。《诗·小雅·白驹》："生刍一束，其人如玉。"陈奂传疏："刍所以萎白驹，托言礼所以养贤人。"鲜草可养白驹。后因用作礼贤敬贤之典。

[8] 圹：坟墓。

[9] 南州：泛指南方地区。

文宝缉柳　温舒截蒲

楚孙敬[1]字文宝，留心好学，缉柳[2]作笔，用以写经[3]。

汉路温舒[4]家贫好学，牧羊于大泽[5]中，截蒲以供书[6]。太守见而奇之，使就学，仕至郡守[7]。

【注释】

[1] 孙敬：西汉信都人，字文宝。性嗜学，闭户读书，困倦欲睡，乃以绳系头髻悬于梁。市人称为闭户先生。信都为楚地，故称楚。

[2] 缉柳：编织杨柳。

[3] 写经：抄经。

[4] 路温舒：西汉钜鹿人，字长君。少牧羊，取泽中蒲编为小简，用以写书。

[5] 大泽：大湖沼。

[6] 供书：以供书写。

[7] 郡守：郡的长官，主一郡之政事。秦废封建设郡县，郡置守、丞、尉各一人。守治民，丞为佐。

仲连[1]蹈海[2]　范蠡泛湖

齐鲁仲连好持高节，义不帝秦[3]，遗新垣衍[4]书曰："秦君肆然[5]为帝，连有蹈东海而死耳。"

范蠡[6]佐句践[7]灭吴霸越，遂泛湖远遁。越王以良金写像[8]，朝夕礼之。

【注释】

[1] 仲连：即鲁仲连，战国时齐国人。高节不仕，喜排难解纷。

[2] 蹈海：跳到海里自杀。

[3] 义不帝秦：不尊奉秦王为帝。比喻坚持正义，不向强权恶势力屈服、投降。

[4] 新垣衍：又名辛垣衍，中国战国时期魏国将军。

[5] 肆然：无所顾忌。

[6] 范蠡：春秋末年政治家、军事家。相传他辅佐勾践灭吴之后，便"乘扁舟，出三江，入五湖"，从而隐姓埋名。

[7] 句践：春秋末越国国君。

[8] 良金写像：黄金铸像。

武侯[1]龙卧　士元凤雏

刘玄德[2]访士于襄阳司马徽[3]，徽曰："识时务者谓之俊杰。此间有伏龙雏凤[4]。"玄德问："雏凤为谁？"曰："庞士元。""伏龙为谁？"曰："诸葛孔明。"时人称徽为水鉴。

【注释】

[1] 武侯：指诸葛亮，琅琊阳都人，字孔明。三国时期蜀汉丞相，杰出的政治家、军事家。诸葛亮死后谥为忠武侯，后世称之为武侯。

[2] 刘玄德：刘备，字玄德，东汉末年幽州涿郡涿县人，三国时期蜀汉开国皇帝。

[3] 司马徽：东汉末颍川人，字德操。清雅善知人，"水鉴"即指明鉴之人。《三国志·蜀志·庞统传》裴松之注引习凿齿《襄阳记》："诸葛孔明为卧龙，庞士元为凤雏，司马德操为水镜，皆庞德公语也。"

[4] 伏龙雏凤：谓隐居待时的贤者，伏龙、雏凤分指诸葛亮与庞

统,又叫卧龙、凤雏。庞统,汉末襄阳人,字士元,东汉末年刘备帐下重要谋士。

相如涤器　文君当垆

卓文君[1],卓王孙之女,私奔司马相如[2]。王孙恶之,一钱不与。相如乃尽卖车骑,置酒舍,令文君当垆[3],相如身自著犊鼻裈[4]涤器[5]市中,以辱王孙。王孙乃分与文君僮仆百人,钱百万。

【注释】

[1]卓文君:西汉临邛大富商卓王孙之女,好音律。新寡家居,司马相如过饮于卓氏,以琴心挑之,文君遂夜奔相如。

[2]司马相如:西汉著名文学家,蜀郡成都人,字长卿。工辞赋,武帝读相如所作《子虚赋》而善之,召为郎。后为中郎将,奉使通西南夷,有功。拜孝文园令,病免。

[3]当垆:对着酒垆,指卖酒。垆,放酒坛的土墩。

[4]犊鼻裈:短裤,一说围裙。形如犊鼻,故名。

[5]涤器:洗涤器物。

卧醒花影　濯魄冰壶

李白[1]登眉州[2]象耳山,留题云:"夜来月下卧醒,花影零乱,满人襟袖,疑如濯魄[3]于冰壶[4]也。"

【注释】

[1]李白:字太白,号青莲居士,唐代著名诗人。

[2]眉州:地名,因峨眉山为名。相当今四川眉山、彭山、丹棱、洪雅、青神等县地。象耳山在四川省眉山市境内。

[3]濯魄:洗涤魂魄。

[4] 冰壶：盛冰的玉壶，常用来借指月光。

端阳[1]角黍[2]　元旦屠苏

屈平[3]午日投汨罗[4]，楚人以竹筒贮米投水祭之，每为蛟龙所夺。后以楝树果、五彩丝缚之，以免龙患，因名角黍。

古人于元旦[5]饮屠苏酒[6]，先少者，后老者，以少者得岁故先之，老者失岁故后之。

【注释】

[1] 端阳：端午，农历五月初五。

[2] 角黍：即粽子。以箬叶或芦苇叶等裹米蒸煮使熟。状如三角，古用黏黍，故称。《太平御览》卷八五一引晋周处《风土记》："俗以菰叶裹黍米，以淳浓灰汁煮之令烂熟，於五月五日及夏至啖之。一名糉，一名角黍。"

[3] 屈平：即屈原，战国时楚国丹阳人，名平。楚公族。曾任左徒、三闾大夫等职。主张对内举贤任能，修明法度，对外力主联齐抗秦。后因遭贵族排挤毁谤，而被流放。秦将白起攻破楚都郢后，自沉于汨罗江。

[4] 汨罗：洞庭湖水系河流之一，在湖南东北部。

[5] 元旦：旧指农历正月初一日。

[6] 屠苏酒：药酒名。古代风俗，于农历正月初一饮屠苏酒，以此避邪。

长卿题柱　终军弃繻

司马相如字长卿，往蜀郡[1]，过升仙桥[2]，题其柱曰："大丈夫不乘驷马高车[3]，不复过此桥。"

终军[4]年十八,西入关,吏与约,传还当合繻[5]。军曰:"大丈夫西游终不复还。"弃繻而去。后为谒者[6],建节[7]东出关,吏见之曰:"此前弃繻生也。"

【注释】

[1]蜀郡:秦灭古蜀国,始置蜀郡。汉仍其旧,辖境包有今四川省中部大部分,治所在成都。

[2]升仙桥:桥名。在今四川省成都市北。因汉司马相如过此题字励志而著名。常璩《华阳国志·蜀志》:"城北十里有升仙桥。"

[3]驷马高车:指显贵者所乘的驾四匹马的高车。

[4]终军:西汉济南人,字子云。少好学,博学善为文,年十八,选为博士弟子。至长安上书评论国事,武帝拜为谒者给事中。累擢谏大夫。元鼎四年,奉命使南越,晓谕南越王举国内属,并留驻当地。次年,为南越相吕嘉所杀。时年仅二十余岁。

[5]合繻:验证帛符。繻,汉代出入关隘的帛制凭证。

[6]谒者:官名。掌宾赞受事,即为天子传达。

[7]建节:执持符节。古代使臣受命,必建节以为凭信。

田横海岛　子春徐无

汉高[1]得天下,田横[2]窜居海岛。帝召之,横与二客至洛阳,未至三十里自杀,帝以王礼葬之,二客皆自刭[3],下从。馀五百人在海中者亦皆自杀。

田畴[4]字子春,从事[5]刘虞[6]。虞为公孙瓒[7]所害,畴会宗族及附从数百人扫地而盟曰:"君仇不报,吾不可立于人世。"遂入徐无山[8]中,百姓归之至五千馀家。

【注释】

[1]汉高：汉高祖刘邦。

[2]田横：齐国贵族。在陈胜、吴广大泽乡起义后，田横与兄田儋、田荣也反秦自立，先后占据齐地为王。刘邦统一天下后，田横不肯称臣于汉，率五百门客逃往海岛。

[3]自刭：用刀自割其颈，自杀。

[4]田畴：字子泰，右北平无终人，东汉末年隐士。

[5]从事：官名。汉以后三公及州郡长官皆自辟僚属，多以从事为称。

[6]刘虞：字伯安，东海郯人。东汉末年著名政治家，曾任幽州刺史。

[7]公孙瓒：东汉辽西令支人，字伯圭。东汉末年军阀，为人自恃才力，所在贪暴，百姓怨之。

[8]徐无山：在今河北省遵化市东。

平原银鹿　曲江飞奴

唐颜真卿[1]为平原[2]太守，有家僮名曰银鹿，服役终身，大得其力。欧阳公[3]云："银鹿鼎来。"

曲江张九龄[4]家养群鸽，每与亲知书，系鸽足上投之，呼为"张氏飞奴"。

【注释】

[1]颜真卿：唐代书法家。字清臣，琅琊临沂人，出生于京兆万年。

[2]平原：平原郡，在今山东省德州市。

[3]欧阳公：北宋文学家欧阳修。

[4]张九龄：字子寿，一名博物，谥文献。汉族，唐朝韶州曲江人，世称"张曲江"。

老莱舞彩　闵损絮芦

周老莱子[1]至孝,行年七十,言不称老,常著五彩斑斓之衣,为婴儿戏于亲侧。

闵损[2]早丧母,父娶后母,生二子,衣以绵絮,妒损,衣以芦花[3]。父令损推车,体寒失,父察知故,欲出[4]后母,损曰:"母在一子寒,母去三子单。"母闻悔改。

【注释】

[1]老莱子:春秋末年楚国隐士。因为老莱娱亲的典故,后以"莱衣"指小儿穿的五彩衣或小儿的衣服。着莱衣表示对双亲的孝养。

[2]闵损:春秋时鲁国人,孔子弟子。性至孝,以德行与颜渊并称。

[3]芦花:即芦花。芦苇花轴上密生的白毛。

[4]出:驱逐。

姜诗养母　山南乳姑

姜诗[1]事母至孝。母好饮江水及嗜鱼脍[2],诗夫妇汲水作脍,日夜勤劳。舍侧忽有泉涌,味如江水,水中日获双鲤,取以供母。

唐崔山南[3]曾祖母长孙夫人年高无齿,祖母唐夫人每日栉洗升堂[4],乳[5]其姑[6],姑不粒食,数年而康。

【注释】

[1]姜诗:东汉广汉人,事母至孝。

[2]鱼脍:生吃的鱼片。

[3]崔山南:名琯,唐代博陵人,官至山南西道节度使,人称"崔山南"。

[4] 栉洗升堂：梳洗登堂。

[5] 乳：喂乳。

[6] 姑：婆婆。

孙晨[1]稿席[2] 原宪桑枢

孙晨家贫，为京兆[3]功曹[4]，冬月无被。有稿一束，暮卧朝收。

原宪[5]居鲁，环堵[6]之室，蓬户瓮牖[7]，以桑为枢[8]，上漏下湿，坐而弦歌[9]。子贡[10]过之，曰："子何病之甚也！"宪曰："吾闻无财为贫，道不行为病。今宪贫也，非病也。"

【注释】

[1] 孙晨：汉代人，字元公，家贫，织席为业。

[2] 稿席：此指以稻麦秆为席。

[3] 京兆：汉代京畿的行政区域，为三辅之一。在今陕西西安以东至华县之间，下辖十二县。

[4] 功曹：官名。汉代郡守有功曹史，简称功曹，除掌人事外，得以参预一郡的政务。

[5] 原宪：孔子弟子，字子思，为古之清高贫寒之士。

[6] 环堵：四周环着每面一方丈的土墙。形容狭小、简陋的居室。《礼记·儒行》："儒者有一亩之宫，环堵之室。"郑玄注："环堵，面一堵也。五版为堵，五堵为雉。"

[7] 蓬户瓮牖：用蓬草编门，以破瓮作窗。

[8] 枢：户枢。旧式门的转轴或承轴臼。

[9] 弦歌：依琴瑟而咏歌。

[10] 子贡：孔子的弟子，姓端木，名赐，字子贡。春秋时卫国人。

善于辞令。

赞皇水递　韦陟香厨

李赞皇[1]在中书[2]，不饮京城水，悉用惠山泉[3]，时人谓之"水递"。

韦陟[4]封郇公，精于饮馔[5]，厨中香味酷烈[6]，人称之曰"郇公香厨"。

【注释】

[1] 李赞皇：李德裕，字文饶，唐代赵郡赞皇人。唐代文学家、政治家。

[2] 中书：中书省，掌管机要、发布皇帝诏书、中央政令的最高机构。

[3] 惠山泉：即天下第二泉，又称二泉、陆子泉。在江苏省无锡市惠山山麓。

[4] 韦陟：唐京兆万年人，字殷卿。韦安石子，袭封郇国公。性侈纵，穷治馔羞，厨中多美味佳肴。

[5] 饮馔：饮食。

[6] 酷烈：浓烈。

八　齐

仲尼黄玉　刘向青藜

孔子[1]作《春秋》[2]《孝经》[3]成，向北辰[4]告备，赤虹自天而降，化为黄玉，上有刻文曰："宝文出，世主握。卯金刀，在轸北。字木子，天下服。"

刘向[5]校书[6]天禄阁[7]，有老人杖青藜[8]，叩阁而进，吹杖头烟，燃火曰："我太乙[9]之精也。"出竹牒[10]天文地理之书，悉以授向。

【注释】

[1] 孔子：名丘，字仲尼，春秋末期思想家、教育家，儒家学派创始人。

[2] 春秋：编年体史书名。相传孔子据鲁史修订而成。

[3] 孝经：中国古代儒家的伦理著作。儒家十三经之一，传说是孔子所作。

[4] 北辰：北极星。

[5] 刘向：字子政，西汉沛人，经学家、目录学家、文学家。

[6] 校书：校勘书籍。

[7] 天禄阁：汉代宫中藏书阁名。汉高祖时创建，在未央宫内。

[8] 青藜：藜杖。

[9] 太乙：星名，即帝星。

[10] 竹牒：竹简。

伊尹莘野　吕尚磻溪

伊尹[1]耕于有莘之野[2]，汤[3]三使往聘之，尹乃就汤，以伐暴救民。

磻溪[4]在凤翔府[5]，吕尚[6]钓此，得一鱼，腹有璜玉[7]，文曰："周受命，吕氏佐令。"石上隐隐见两膝痕。

【注释】

[1] 伊尹：商汤大臣，己姓伊氏，名挚，尹是官名。相传生于伊水（洛阳伊川），故名。后助汤伐夏桀。

[2] 有莘之野：有莘，国名。伊尹初隐之时，耕于有莘之国。后以"莘野"指隐居之所。

[3]汤：即成汤，商朝第一个君主。

[4]磻溪：水名。在今陕西省宝鸡市。

[5]凤翔府：唐朝时设置的府，本为岐州。在今陕西省宝鸡市凤翔县一带。

[6]吕尚：即姜太公。

[7]璜玉：即玉璜，一种半璧形的玉。

玄宗舞象　苏武牧羝

唐明皇有舞象数十。禄山[1]乱，据咸阳[2]，出舞象令左右教之，舞象皆努目[3]不动。禄山怒，尽杀之。

苏武[4]使匈奴[5]，单于[6]幽武大窖中，绝不饮食。天雨雪，武啮雪与旃毛[7]咽之，数日不死，匈奴以为神，乃徙武海上[8]，使牧羝[9]，曰："羝乳乃得归。"

【注释】

[1]禄山：安禄山，唐代将领，安史之乱祸首。

[2]咸阳：地名，在今陕西省咸阳市。

[3]努目：犹怒目。把眼睛张大，使眼球突出。

[4]苏武：西汉京兆杜陵人，字子卿。天汉元年奉命出使匈奴被扣留，始终不投降。是坚贞不屈的象征。

[5]匈奴：我国古代北方游牧民族之一。

[6]单于：汉时匈奴首领的称号。《史记·匈奴列传》："匈奴单于曰头曼。"裴骃《集解》："单于者，广大之貌，言其象天单于然。"

[7]旃毛：即毡毛。

[8]海上：北海，即今贝加尔湖。

[9]牧羝：放牧公羊。

苌弘化碧　温峤燃犀

周苌弘[1]，资中[2]人，孔子尝从问乐。弘矢心[3]王室，而王不能用，且杀弘以悦赵鞅[4]，此周之所以日衰也。弘死，藏其血，三年化为碧[5]。

温峤[6]至牛渚[7]，水深不可测。相传其下多怪物，峤乃燃犀[8]照之，须臾，见水族[9]奇形怪状，有乘车马著赤衣者。峤梦人曰："与君幽明[10]道隔，何事相窘？"峤遂病齿[11]，旬日[12]而卒。

【注释】

[1] 苌弘：亦作苌宏，字叔，春秋时人，周敬王大夫。

[2] 资中：地名，今属四川省内江市资中县。

[3] 矢心：忠心。

[4] 赵鞅：即赵简子，又名志父，亦称赵孟，中国春秋时期晋国赵氏的领袖。

[5] 化碧：鲜血化作碧玉。此后多用以称颂忠臣志士。

[6] 温峤：东晋太原祁县人，字太真，东晋名臣。

[7] 牛渚：即牛渚矶。在今安徽省马鞍山市西南长江边，为牛渚山北部突出于长江中的部分，又名采石矶，是沟通大江南北的重要津渡。

[8] 燃犀：燃烧犀牛角以照明。古时相传犀角有种种灵异的作用，如镇妖、解毒、分水等，故称灵犀。后喻能明察事物，洞察奸邪。

[9] 水族：水生动物的统称。

[10] 幽明：这里指人与鬼神。

[11] 病齿：牙齿痛。

[12] 旬日：十天。

王导江左　杨震关西

晋王导[1]辅元帝[2]，情好日隆，权倾朝野，号为仲父[3]。桓彝[4]见导，称之曰："江左自有夷吾[5]，吾复何忧？"

杨震孤贫力学，博览明经[6]，诸儒称为关西[7]夫子[8]，官至太尉而律身廉谨，为人所佩服。

【注释】

[1]王导：字茂弘，小字赤龙、阿龙。琅琊郡临沂县人，东晋时期政治家。

[2]元帝：晋元帝司马睿，字景文，出生于洛阳，河内温县人，东晋开国皇帝。

[3]仲父：用于帝王对宰相重臣的尊称。《史记·吕不韦列传》："庄襄王即位三年，薨，太子政立为王，尊吕不韦为相国，号称'仲父'。"张守节《正义》："仲，中也，次父也。盖效齐桓公以管仲为仲父。"

[4]桓彝：字茂伦，东晋谯国龙亢人，为东晋名臣。

[5]夷吾：指管夷吾，即春秋时期政治家管仲。后来诗文中以"江左夷吾"称许有辅国救民之才的人。

[6]明经：通晓经术。经术，即经学，以儒家经典为研究对象的学问。

[7]关西：关西，指函谷关以西的地区。函谷关，关名。古关为战国秦置，在今河南省灵宝市境。因其路在谷中，深险如函，故名。

[8]夫子：古代对男子的敬称。

林逋放鹤　祖逖听鸡

林逋[1]住孤山[2]，尝种梅花数百树，畜二鹤。每泛舟湖中，客至，童子纵鹤高飞，逋即鼓棹[3]而归。

祖逖[4]与刘琨[5]同寝[6]，夜半闻鸡声，逖戏琨曰："非恶声耶？"闻而起舞[7]。

【注释】

[1]林逋：字君复，杭州钱塘人，北宋诗人。他一生未做官，长期隐居西湖孤山，赏梅养鹤，终身不仕，也不婚娶，因谓"梅妻鹤子"。

[2]孤山：山名。在浙江省杭州市西湖中，孤峰独耸，秀丽清幽。

[3]鼓棹：划桨。

[4]祖逖：字士稚，范阳遒县人，东晋军事家。

[5]刘琨：字越石，中山魏昌人，西晋政治家、文学家、音乐家和军事家。

[6]同寝：共眠。

[7]闻而起舞：此即闻鸡起舞的典故，后以此为志士仁人及时奋发之典。舞，舞剑。

九 佳

文皇匿鹞　睿宗铸蜗

文皇[1]得佳鹞[2]，自臂[3]之，望见魏徵[4]来，匿怀中。徵奏事[5]故[6]久不已[7]，鹞竟死怀中。

睿宗[8]为冀王时，殿上蜗迹[9]成"天"字，上惧，遽扫之，经数日又复如初。及即位，雕玉铸黄金为蜗形，分置释道[10]像前。

【注释】

[1]文皇：指唐太宗李世民。因太宗谥文皇帝，故称。

[2]佳鹞：即上佳的鹞子。鹞，雀鹰的俗称。

[3]臂：把它放在手臂上。

[4] 魏徵：字玄成，隋唐政治家、思想家、文学家和史学家，因直言进谏，辅佐唐太宗共同创建"贞观之治"的大业，被后人称为"一代名相"。

[5] 奏事：向皇帝奏陈的事情。

[6] 故：故意。

[7] 不已：不停。

[8] 睿宗：即唐睿宗李旦。始封殷王，后改封为豫王，又封为冀王。

[9] 蜗迹：即蜗涎，蜗行所分泌的黏液。

[10] 释道：佛教、道教。

康王泥马　信国神牌

康王[1]质于金，间道[2]奔窜，倦息崔府君庙[3]，梦神言："追骑且至，王宜速去。已备马门首。"王出骑之，日行七百里。既渡河而马不前，视之乃泥马也。

文文山[4]既赴义[5]，日月晦暝，昼行以烛。元主[6]命加以封号，立牌祭祀。忽发狂飙[7]，牌升霄汉[8]，天色愈暗，乃改"前宋少保右丞相信国文公之位"，天遂开霁[9]。

【注释】

[1] 康王：即宋高宗赵构。宣和三年，进封康王。钦宗靖康元年使金，被扣押为质，后得还。

[2] 间道：取道于偏僻的小路。

[3] 崔府君庙：即显应王庙，为祀奉滏阳县令崔珏而建。崔珏，字子玉，唐乐平人，勤政爱民。后成为民间信仰的神仙。

[4] 文文山：文天祥，字宋瑞，一字履善，号文山，道号浮休道人，江西吉州庐陵人，宋末政治家、文学家，爱国诗人，抗元名臣。官至右

丞相、少保，封信国公。

[5] 赴义：就义。

[6] 元主：即元世祖忽必烈。

[7] 狂飙：狂风。

[8] 霄汉：天空。

[9] 开霁：转晴。

十 灰

虞卿[1]九棘　王氏三槐

九棘[2]：公、侯、伯、子、男、九卿之位也，树棘以为位，取其内赤心而外多刺。

王旦[3]父王祐[4]有阴德，手植三槐[5]于庭，曰："吾后世必有为三公者，植此所以志也。"

【注释】

[1] 虞卿：或作虞庆、吴庆。战国时人，虞氏，名失传，曾担任赵国的上卿，故称虞卿。

[2] 九棘：古代群臣外朝之位，树九棘为标识，以区分等级职位。后因以九棘为九卿的代称。

[3] 王旦：字子明，大名府莘县人。后入相，任工部尚书、同中书门下平章事、集贤殿大学士。

[4] 王祐：当作"王祜"，字景叔，太宗年间官至中书舍人、开封知府，拜兵部侍郎，赠太师、晋国公。

[5] 三槐：《周礼·秋官·朝士》："面三槐，三公位焉。"相传周代宫廷外种有三棵槐树，三公朝天子时，面向三槐而立。后因以三槐喻三公，泛指最高官衔。

鲁阳挥日　陈桱叱雷

鲁阳公[1]与韩搆战[2],战酣日暮,援戈挥之,日返三舍[3]。

陈桱[4]作《通鉴续编》,书"宋太祖[5]废周主[6]为郑王",雷忽震其几,桱厉声曰:"老天便打折陈桱之臂,亦不换矣。"

【注释】

[1]鲁阳公:亦称鲁阳文子,战国时楚国人,骁勇善战。《淮南子》高诱注:"鲁阳,楚之县公,楚平王之孙,司马子朝之子,国语所称鲁阳文子也。楚僭号称王,其守县大夫皆称公,故曰鲁阳公。"

[2]搆战:结仇交战。

[3]日返三舍:太阳倒回九十里。古代一舍为三十里,三舍为九十里。此处即"鲁阳挥戈"的典故,后谓力挽危局的手段或力量。

[4]陈桱:字子经,浙江奉化人。元朝末年流寓长洲,著有史书《通鉴续编》。

[5]宋太祖:赵匡胤,字元朗,出生于洛阳夹马营。五代至北宋初年军事家、政治家,北宋开国皇帝。

[6]周主:即后周恭帝柴宗训,柴荣第四子。七岁封梁王。同年即位,立八月,禅位于宋,降封郑王。宋开宝中卒,谥恭。此处用"废"字,则使赵匡胤夺权之实昭然若揭。

泄柳拒户　颜阖凿阫

泄柳[1],鲁穆公[2]时人。公就见,柳闭门而不纳。

颜阖[3],鲁人,守道不仕,鲁君遣币[4]聘之,阖绐[5]使者出门,凿阫[6]而遁。鲁君遍求之不得。

【注释】

[1] 泄柳：战国时鲁国人。有贤名。鲁穆公曾往见之，他闭门不见。

[2] 鲁穆公：战国时鲁国国君，名显，或名不衍。在位时，鲁国人民生活安定。

[3] 颜阖：战国时鲁国人，隐者。

[4] 遗币：赠送钱财。

[5] 绐：骗。

[6] 阫：墙。

郑庄置邮　燕昭筑台

汉郑庄[1]，字当时，任侠好客。尝置邮[2]于长安[3]诸郡，以接宾客，所交皆天下名士，一时翕然[4]称之。

燕昭王[5]卑辞厚币[6]以礼贤士，于是筑台[7]，师事郭隗[8]。四方闻之，名士[9]皆至。

【注释】

[1] 郑庄：西汉淮阳陈人，名当时，字庄。见《史记·汲郑列传》："郑当时者，字庄，陈人也。"

[2] 置邮：传递文书信息的驿站。

[3] 长安：古都城名，今属陕西省西安市。

[4] 翕然：一致的样子。

[5] 燕昭王：战国时燕国国君，名职，即位后招纳人才，发奋图强。

[6] 卑辞厚币：言辞谦恭，礼物丰厚。

[7] 筑台：燕昭王为招贤强国，于易水东南筑台，置千金于上，以招贤士。

[8] 郭隗：战国时燕国贤臣。

[9] 名士：这里指才名之士。

隋炀杨柳　何逊官梅

隋炀帝[1]开河[2]成，虞世基[3]请于堤上栽柳，诏民间进柳一株，赐一缣[4]。栽毕，上御笔赐垂柳姓杨，曰杨柳[5]。

官梅[6]，官阁梅也。何逊[7]在扬州[8]为法曹[9]，官舍有梅一株，日咏其下[10]。

【注释】

[1] 隋炀帝：即杨广，隋朝第二位皇帝，在位时滥用民力、穷奢极欲，最终导致农民起义。

[2] 开河：开凿京杭大运河，这是我国古代伟大水利工程，对南北经济和文化交流曾起重大作用。

[3] 虞世基：字懋世，会稽余姚人，隋朝大臣。

[4] 缣：双丝的细绢。

[5] 杨柳：事实上，杨柳之称，古已有之，如《诗经·小雅·鹿鸣》："昔我往矣，杨柳依依。"

[6] 官梅：官府所种的梅。

[7] 何逊：字仲言，南朝梁东海郯人。善诗文，诗与阴铿齐名。

[8] 扬州：地名，即今江苏省扬州市一带。

[9] 法曹：掌司法的官吏。

[10] 日咏其下：每日在树下吟咏。何逊有《扬州法曹梅花盛开》一诗："兔园标物序，惊时最是梅。衔霜当路发，映雪拟寒开。枝横却月观，花绕凌风台。朝洒长门泣，夕驻临邛杯。应知早飘落，故逐上春来。"

初平叱石　左慈掷杯

黄初平[1]少时为兄牧羊，遇道士引至金华山[2]修道。兄往寻之，问羊何在，平叱山中白石，皆起成羊。兄方骇异，平遂不见。

左慈[3]有道术[4]，曹操召见，设酒，慈以簪画杯，酒分为两半，慈饮一半，馀与操饮。操不肯受，慈掷杯于屋，化白鹤栖于梁上。众皆视鹤，慈即遁去。

【注释】

[1] 黄初平：姓或作皇。晋代丹溪人，古代传说中的神仙。

[2] 金华山：山名。在浙江省金华市北，传说山上有神仙石室。

[3] 左慈：庐江人，字元放。东汉末年著名方士。

[4] 道术：道教的法术、方术。

未央藻兼　昆明劫灰

汉武帝[1]宴未央宫[2]，忽闻语云："老臣寻觅不见。"梁上有一老人长九寸，拄杖偻步[3]。帝问之，老人下，稽首[4]不言，仰视屋，俯视帝足，忽不见。东方朔[5]曰："是名藻兼[6]，水木之精，以陛下好兴土木，愿止足于此也。"武帝凿昆明池[7]，极深，悉是灰墨[8]。后问西域胡人[9]，答曰："天地大劫将尽则劫烧，此劫烧[10]之馀灰也。"

【注释】

[1] 汉武帝：刘彻，西汉第七位皇帝，汉景帝子。

[2] 未央宫：宫殿名。故址在今陕西省西安市西北长安故城内西南隅。汉高帝七年建，常为朝见之处。

[3] 偻步：弯下身子走路。

[4] 稽首：古时一种跪拜礼，叩头至地，是九拜中最恭敬者。

[5] 东方朔：西汉文学家。字曼倩，平原厌次人。武帝时为太中大夫，性格诙谐而多智。

[6] 藻兼：传说中的水木之精。

[7] 昆明池：湖沼名。汉武帝元狩三年于长安西南郊所凿，以习水战。池周四十里，广三百三十二顷。

[8] 灰墨：暗黑色的劫后余烬。

[9] 西域胡人：此处即指胡僧。西域，汉以来对玉门关、阳关以西地区的总称。胡人，我国古代对北方边地及西域各民族人民的称呼。

[10] 劫烧：佛教所谓世界毁灭时的大火。佛家谓天地一成一毁为一劫，经八十小劫为一大劫。

汉宫驺牙　秦狱怪哉

建章宫[1]重栎[2]中有物如麋，人莫能识。东方朔曰："所谓驺牙[3]者也。远方有归义[4]，则驺牙先见。"后一年匈奴浑邪王[5]果将千万众来降。

帝幸[6]甘泉坂[7]，驰道[8]有虫蟠而覆地，赤如生肝，头目口鼻耳齿尽具。问东方朔，答曰："此虫名怪哉[9]，盖愤气所化。此必秦之故狱[10]地也。以酒浇之，虫即消化。"

【注释】

[1] 建章宫：汉代长安宫殿名。《三辅黄图·汉宫》："武帝太初元年，柏梁殿灾。粤巫勇之曰：'粤俗，有火灾即复大起屋，以厌胜之。'帝于是作建章宫，度为千门万户。宫在未央宫西，长安城外。"

[2] 重栎：重栏。

[3] 驺牙：兽名。即驺虞，传说中的义兽。《诗·召南·驺虞》："彼茁者葭，壹发五豝，于嗟乎驺虞。"毛传："驺虞，义兽也。白虎，黑文，不食生物，有至信之德则应之。"

[4] 归义：归附正义。

[5] 浑邪王：西汉匈奴族人。武帝元狩二年，以十万人降汉。封漯阴侯。浑邪，汉代匈奴的一支。

[6] 幸：旧指皇帝亲临。

[7] 甘泉坂：甘泉，宫名。故址在今陕西省淳化县西北甘泉山。本是秦宫。汉武帝增筑扩建，在此朝诸侯王，飨外国客，夏日亦作避暑之处。坂，斜坡。

[8] 驰道：古代供君王行驶车马的道路。

[9] 怪哉：古代传说出于狱中的昆虫名。

[10] 故狱：监狱故址。

十一 真

斛斯镈于　廉郊蕤宾

汉武时雅乐[1]多缺。有镈于[2]者，近代所为，蜀中携来，人莫之识。斛斯徵[3]曰："此镈于也。"遂依干宝[4]《周礼》法，以芒筒[5]拊之，其声极振，众皆叹服。

乐工廉郊[6]池上弹蕤宾调[7]，忽闻有物跳跃，乃方响[8]一片，识者知其为蕤宾铁也。音乐之妙，乃令物类相感若此。

【注释】

[1] 雅乐：古代帝王祭祀天地、祖先及朝贺、宴享时所用的舞乐。

[2]錞于：古代乐器。青铜制。形如筒，上圆下虚，顶有纽可悬挂，以物击之而鸣。

[3]斛斯徵：北周河南洛阳人，字士亮。斛斯椿子。博涉群书，尤精三礼，兼解音律。

[4]干宝：字令升，新蔡人。东晋史学家、文学家，曾撰《周礼注》。

[5]芒筒：大竹筒。

[6]廉郊：唐代乐工。

[7]蕤宾调：古乐十二律中之第七律。

[8]方响：古磬类打击乐器。由十六枚大小相同、厚薄不一的长方铁片组成，分两排悬于架上。

越王采蕺　姬王积薪

蕺山[1]在绍兴府城[2]东北六里。越王[3]嗜蕺，尝采食之，因以名山。山上有躲婆石[4]、浴鹅池[5]，山麓有笔飞楼[6]，右军[7]写《黄庭经》[8]处。

山东峰山[9]陡峻，猿鸟所不能上，而山顶有姬王坟[10]，相传当时葬坟时，用柴数万担堆砌而上，葬后将柴烧过，故有"千日买柴一日烧"之谣。

【注释】

[1]蕺山：绍兴历史名山，在今浙江省绍兴市城区东北，因多产蕺草而得名。蕺草，也称岑草，即鱼腥草。

[2]府城：旧时府级行政机构所在地。

[3]越王：即勾践。

[4]躲婆石：相传王羲之为蕺山老姥书扇，此姥既得厚值，数来求书，羲之厌苦，避于戒珠寺山石后，因名其石为"躲婆石"。

[5]浴鹅池：相传为王羲之养鹅处。在浙江绍兴戒珠寺前。

[6]笔飞楼：相传王羲之于此写《黄庭经》，笔从空中飞去。

[7]右军：即王羲之。见17页。

[8]黄庭经：道教的经典著作。此即黄庭换鹅的典故。《晋中兴书》卷七："山阴有道士养群鹅，羲之意甚悦。道士云：'为写黄庭经，当举群相赠。'乃为写讫，笼鹅而去。"

[9]峄山：山名，在山东省邹县东南。

[10]姬王坟：疑为周文王姬昌墓。

暴胜持斧　张纲埋轮

前汉暴胜[1]为直指[2]，使衣绣持斧，警捕盗贼，威振州郡。

后汉顺帝[3]遣使巡行[4]郡县，独张纲[5]埋车轮[6]于洛阳都亭，曰："豺狼[7]当道，安问狐狸[8]？"遂劾梁冀[9]兄弟无君十五事，京师震竦。

【注释】

[1]暴胜：暴胜之，西汉人，字公子，汉武帝时期大臣。

[2]直指：汉武帝时朝廷设置的专管巡视、处理各地政事的官员。也称"直指使者"，因出巡时穿着绣衣，故又称"绣衣直指"，或称"直指绣衣使者"。

[3]后汉顺帝：即东汉顺帝刘保。

[4]巡行：出行巡察，巡视。

[5]张纲：东汉犍为武阳人，字文纪。汉安元年选派张纲等八人巡视全国，纠察吏治。

[6]埋车轮：埋车轮于地，以示坚守不动。

[7]豺狼：指大奸大恶之人。

[8]狐狸：指奸佞狡猾的坏人。

· 57 ·

[9]梁冀：字伯卓，安定人，东汉时期外戚出身的权臣，处事跋扈。

孟嘉风帽　郭泰雨巾

孟嘉[1]为桓温[2]参军[4]。九日[4]会龙山[5]，风吹嘉帽落地不觉，温令孙盛[6]作文嘲之。

郭泰[7]常行陈、蔡间[8]，遇雨，其头巾折一角，时人号为折角巾。士大夫慕效之。

【注释】

[1]孟嘉：字万年，东晋时期著名文人。孟嘉即席回答了孙盛的文章，且文采斐然，后世便以"孟嘉落帽"形容才子名士的风雅洒脱、才思敏捷。

[2]桓温：字元子，谯国龙亢人。东晋政治家、军事家、权臣。

[3]参军：官名。东汉末始有"参某某军事"的名义，谓参谋军事。简称"参军"。晋以后军府和王国始置为官员。

[4]九日：农历九月九日重阳节。

[5]龙山：在今湖北荆州一带。《三才图会》："龙山在荆州府城西北一十五里，晋桓温九月九日同参军孟嘉登此山，风落嘉帽，今有落帽台。"

[6]孙盛：字安国，太原中都人。东晋著名史学家，著述颇丰。

[7]郭泰：即东汉名士郭太。

[8]陈、蔡间：即古时陈国与蔡国之间，指在河南一带。《后汉书》作"陈、梁间"。

鲍靓隔世　羊祜前身

晋鲍靓[1]年五岁，与父母云："本是李家儿，堕井而死。"父母访之，果是。

羊祜[2]方五岁，令乳母于邻家李氏园桑树下探取金环[3]，李氏惊曰："此吾亡儿所失。"乃知李氏子，祜之前身[4]也。

【注释】

[1]鲍靓：字太玄，东晋东海人。学兼内外，通晓天文、经术、纬候、河洛之术。

[2]羊祜：字叔子，泰山南城人。魏晋时期大臣，著名战略家、政治家和文学家。

[3]金环：金制的环。或作信物，或作饰品。

[4]前身：前生。

郑綮歇后　陆玩无人

唐郑綮[1]善诗，多俳谐[2]，时号郑五歇后[3]体。乾宁[4]初拜相诏下，綮搔首曰："歇后郑五为宰相，时事可知矣。"立朝侃侃[5]，无复故态。未三月，以太子少保[6]致仕[7]。綮尝云："诗思在灞桥[8]风雪中驴子背上。"

晋陆玩[9]拜司空，时王导、郗鉴[10]、庾亮[11]相继逝世，帝忧无辅，以玩迁司徒[12]。玩辞不获，而叹息曰："以我为三公，是天下无人矣。"

【注释】

[1]郑綮：字蕴武，唐荥阳人，善以诗谣托讽。

[2]俳谐：诙谐戏谑的言辞。

[3]歇后：谓隐去句末之词，暗示其义。

[4]乾宁：唐昭宗李晔的年号。

[5]侃侃：谓直抒己见，从容不迫。

[6]太子少保：为东宫官职，负责教习太子。后作为荣誉性官衔。

[7] 致仕：辞去官职。

[8] 灞桥：桥名。本作霸桥。《三辅黄图》："霸桥，在长安东，跨水作桥。汉人送客至此桥，折柳赠别。"

[9] 陆玩：字士瑶，吴郡吴人，东晋时期士族重臣。

[10] 郗鉴：字道徽，高平金乡人。博览经籍，以儒雅著名。

[11] 庾亮：字元规，颍川鄢陵人，东晋名臣。

[12] 司徒：官名。周时为六卿之一，曰地官大司徒。掌管国家的土地和人民的教化。汉哀帝元寿二年，改丞相为大司徒，与大司马、大司空并列三公。东汉时改称司徒。

十二 文

郎应列宿　榜现五云

后汉馆陶公主[1]为子求郎，明帝[2]不许，谓群臣曰："郎官[3]上应列宿[4]，出宰百里，苟非其人，则民受其殃矣。"

韩琦[5]弱冠[6]举进士[7]，名在第二。方唱名[8]，太史奏日下五色云[9]见，遂拜右司谏[10]，权知制诰[11]。

【注释】

[1] 馆陶公主：汉光武帝第三女刘红夫。

[2] 明帝：汉明帝刘庄，汉光武帝第四子。

[3] 郎官：东汉以尚书台为行政中枢。其分曹任事者为尚书郎，职权范围较大。

[4] 列宿：众星宿。古人认为天人感应，天能干预人事，预示灾祥，人的行为也能感应上天。

[5] 韩琦：字稚圭，号戆叟，一作赣叟，相州安阳人。北宋政治家、

词人。

[6] 弱冠：古代男子二十岁。《礼记·曲礼上》："二十曰弱，冠。"孔颖达疏："二十成人，初加冠，体犹未壮，故曰弱也。"

[7] 进士：科举时代称殿试考取的人。

[8] 唱名：科举时代殿试后，皇帝呼名召见登第进士，叫唱名。

[9] 日下五色云：京都出现五色云彩，古人以为祥瑞。日下，指京都，此指汴梁。古代以帝王比日，因以皇帝所在地为"日下"。

[10] 右司谏：官名。《周礼》地官之属。主管督察吏民过失，选拔人才。唐门下省的谏官，有补阙、拾遗。宋太宗改补阙为左右司谏，掌讽谕规谏。

[11] 权知制诰：代管诰命起草。制诰，掌管起草诰命之意，后用作官名。权知，谓代掌某官职。

顾和麟种　杨愔龙文

晋顾和[1]族叔[2]荣见其总角[3]志气不凡，曰："此吾家麒麟种[4]也。兴吾宗者必此子。"

《北史》：杨愔[5]幼聪明过人，其叔奇之曰："此儿驹齿[6]未落，已是吾家龙文[7]。更十年，当求之千里之外。"

【注释】

[1] 顾和：字君孝，东晋吴郡吴人。有清操，为人刚正不阿。

[2] 族叔：称同族中与父同辈而年少于父者。

[3] 总角：指童年。古时儿童束发为两结，向上分开，形状如角，故称总角。《诗·齐风·甫田》："婉兮娈兮，总角丱兮。"郑玄笺："总角，聚两髦也。"孔颖达疏："总角聚两髦，言总聚其髦以为两角也。"

[4] 麒麟种：指有颖异天资的人。

[5] 杨愔：字遵彦，小名秦王，北齐恒农华阴人。少有清誉。

[6] 驹齿：儿童的乳牙。

[7] 龙文：骏马名。《汉书·西域传赞》："蒲梢、龙文、鱼目、汗血之马，充于黄门。"颜师古注引孟康曰："四骏马名也。"

丁兰刻木　王裒泣坟

汉丁兰[1]幼丧父母，刻木为像，事之如生。其妻久而不敬，以针戏刺其指，血出，木像见兰，眼中垂泪。兰诇[2]得其情，即以不孝逐出之。

魏王裒[3]事亲至孝。母生前怕雷，及葬，每遇风雨，即奔至墓所拜跪泣告，曰："儿在此，母勿惧。"

【注释】

[1] 丁兰：东汉河内人，性至孝。

[2] 诇：探求。

[3] 王裒：字伟元，城阳营陵人，魏晋时期孝子。少立操尚，博学多能。

黄香扇枕　吴猛饱蚊

后汉黄香[1]年九岁，失母，事父尽孝。夏天炎热，以扇凉其枕簟[2]。冬天寒冷，以身暖其被席。太守刘护表而异之。

晋吴猛[3]年八岁，性至孝。家贫无帐，蚊多嚼肤[4]，猛僵卧[5]恣[6]其饱血，不忍驱之，恐其去而噬父也。

【注释】

[1] 黄香：字文强，江夏安陆（今湖北云梦）人，东汉时期著名大臣。

[2]枕簟：枕席，泛指卧具。

[3]吴猛：字世云，豫章分宁人。晋代道士。

[4]嚼肤：叮咬皮肤。

[5]僵卧：躺卧不起。

[6]恣：任凭。

十三　元

李沆旋马　于公高门

李沆[1]治第[2]，厅事[3]前仅堪旋马[4]。或言其太隘，沆曰："居第当传子孙。此为宰相厅事，诚隘，为太祝[5]厅事已宽矣。"

于公[6]治狱有阴德[7]。常造门闾，令容高车驷马，曰："我子孙必有兴者。"子定国[8]为丞相，孙永[9]为御史大夫。

【注释】

[1]李沆：字太初，洺州肥乡人，北宋时期大臣，曾任礼部侍郎。

[2]治第：修建宅子。

[3]厅事：私人住宅的堂屋。

[4]旋马：掉转马身。此言空间狭小。

[5]太祝：官名，掌祭祀祈祷之事。

[6]于公：西汉东海郯县人。为县狱史，郡决曹，判案公正。

[7]阴德：暗中做的有德于人的事。

[8]定国：于定国，西汉东海郯县人，字曼倩。汉宣帝甘露三年擢为丞相。丞相，古代辅佐君主的最高行政长官。

[9]孙永：于永，西汉东海郯县人。于定国之子。年少时，嗜酒，

多过失。年且三十,始折节修行,后官至御史大夫。御史大夫,官名。为御史台长官,地位仅次于丞相,掌管弹劾纠察及图籍秘书。

纪昌贯虱　由基号猿

纪昌[1]学射于甘蝇[2],使昌以发悬虱[3]于窗间。望之旬月[4],其虱浸大[5]。三年之后,大如车轮。取矢射之,贯虱之心而悬不绝。

养由基[6]善射,百发百中。楚王畋猎[7],见白猿,命由基射之。基矢未发,猿乃抱树而号,知其发必中己也。

【注释】

[1]纪昌:传说古之善射者,师从飞卫。

[2]甘蝇:远古时人。善射,飞卫之师。

[3]以发悬虱:用头发丝悬挂一只虱子。

[4]旬月:一个月。

[5]浸大:渐渐变大。

[6]养由基:春秋时楚国人,善射。

[7]畋猎:打猎。

干木式庐[1]　於陵灌园

魏文侯[2]知段干木[3]之贤,累召不就。文侯过其庐,未尝不下车。左右曰:"君何为自屈[4]?"文侯曰:"寡人富财,干木富义。"

楚王闻於陵仲子[5]贤,欲以为相,命使送金百镒[6]以聘。仲子不受,遂逃去,与人灌园[7]。

【注释】

[1]式庐：登门时俯凭车轼，表示敬意。《尚书·武成》："释箕子囚，封比干墓，式商容间。"孔颖达疏："式者，车上之横木，男子立乘，有所敬则俯而凭式。"

[2]魏文侯：战国时魏国国君，名斯，厉行改革，此后魏国日益富强。

[3]段干木：战国时魏国人。少贫且贱，师事子夏，高尚不仕。

[4]自屈：委屈自己。

[5]於陵仲子：古代隐士。或言即指陈仲子，因居於陵，故称。

[6]百镒：极言货币之多。镒，古代黄金计量单位，二十两或二十四两。

[7]灌园：从事田园劳动，后谓退隐家居。

刘阮[1] 天台[2] 武陵桃源[3]

汉刘晨、阮肇入天台山采药，遇仙姬留之七日，辞归到家，七世孙皆庞眉皓首[4]矣。

晋武陵人捕鱼，缘溪行，见洞口桃花，舍舟入，土地开朗，民居稠杂[5]，鸡犬桑麻，怡然自得。渔人惊问，云："先世避秦居此，遂与外隔。"问今是何世，乃不知有汉，无问晋、魏。临出，云："不足为外人道也。"

【注释】

[1]刘阮：东汉樵夫刘晨和阮肇的并称。

[2]天台：山名。在浙江省天台县北。

[3]武陵桃源：东晋大诗人陶渊明《桃花源记》中的避世隐居之所。其地在何处，所说不一，一般认为在今湖南省常德市一带。

[4]庞眉皓首：眉毛黑白杂色，头发花白。形容老貌。庞，用同"厐"。

[5]稠杂：多而杂。

十四 寒

禹铸九鼎[1] 周设三坛

大禹收天下之铜铸九鼎,以象九州,图各州地里贡赋[2]诸法制[3],以示久远。

成(武)王有疾,周公为三坛于南方,北面植璧秉圭[4],祝告太王[5]、王季[6]、文王[7],请以身代,纳册金縢匮[8]中。王翼日[9]瘳[10]。

【注释】

[1] 九鼎:相传夏禹铸九鼎,象征九州。

[2] 贡赋:土贡和赋税。

[3] 法制:制度。

[4] 植璧秉圭:即执璧秉圭,拿着玉璧和玉圭。璧,平而圆,中心有孔的玉。圭,长条形,上端作三角形,下端正方的玉器。

[5] 太王:周文王之祖古公亶父的尊号。

[6] 王季:周太王古公亶父幼子,周文王之父。

[7] 文王:周文王姬昌。

[8] 金縢匮:有金色边饰的柜子。

[9] 翼日:第二天。

[10] 瘳:痊愈。

廉颇善饭 马援攀鞍

廉颇[1]一饭斗米[2]肉十斤,披甲上马,以示可用。郭开[3]谓赵王曰:"廉将军虽老,尚健饭[4]。"

汉征五溪蛮[5]，马援[6]年六十二，自请曰："臣尚能披甲上马。"上令试之，援据鞍顾盼[7]，以示可用。帝笑曰："矍铄[8]哉是翁也！"

【注释】

[1]廉颇：战国时赵国人。名将。

[2]斗米：一斗米。一斗为十升。

[3]郭开：战国时赵国人。赵王迁宠臣，与廉颇有仇，尝屡毁廉颇于赵王。

[4]健饭：食量大。

[5]五溪蛮：湖南西部和贵州东部的少数民族。五溪，指雄溪、樠溪、无溪、酉溪、辰溪。一说指雄溪、蒲溪、酉溪、沅溪、辰溪。

[6]马援：字文渊，陕西扶风茂陵人，东汉名将。

[7]据鞍顾盼：跨着马鞍，向左右或周围看来看去。

[8]矍铄：形容老人目光炯炯、精神健旺。

萧朱结绶　王贡弹冠

汉萧育[1]在哀帝[2]时为执金吾[3]，少与朱博[4]为友，育方荐博于上，与之同朝结绶[5]。

王吉[6]为谏议大夫[7]，与贡禹[8]友善，知其必荐己，乃弹冠[9]语人曰："王吉在朝，吾将仕矣。"

【注释】

[1]萧育：字次君，西汉东海兰陵人。

[2]哀帝：汉哀帝刘欣，西汉皇帝。

[3]执金吾：古官名。负责皇帝大臣警卫、仪仗以及徼循京师、掌管治安的武职官员。

[4]朱博：字子元，西汉京兆杜陵人，任侠好交友。

[5]结绶：佩系印绶，谓出仕为官。

[6]王吉：字子阳，西汉琅琊皋虞人，兼通五经。

[7]谏议大夫：官名，掌管谏诤及议论。

[8]贡禹：字少翁，西汉琅琊人。以明经洁行征为博士。

[9]弹冠：弹去冠上的灰尘，整冠表示喜庆。比喻相友善者援引出仕。

庞统展骥　仇览栖鸾

刘先主[1]以庞统[2]为耒阳[3]令，统至任不治。鲁肃[4]遗先主书曰："庞士元非百里才[5]，使居治中[6]、别驾[7]之任，当展其骥足[8]耳。"

仇览[9]为考城簿[10]，专尚德化[11]。时王焕为令[12]，政治惨刻[13]。一日谓览曰："得无[14]少鹰鹯之志耶？"对曰："鹰鹯[15]不若鸾凤。"焕笑曰："枳棘[16]非鸾凤所栖，百里非大贤之路。"

【注释】

[1]先主：开国君主，这里指刘备。

[2]庞统：字士元，汉末襄阳人。与诸葛亮齐名，号为"凤雏"。

[3]耒阳：县名，在今湖南省衡阳市。

[4]鲁肃：字子敬，临淮东城人。三国时期吴国外交家、政治家。

[5]百里才：治理一县的人才。古时一县辖地约百里，因以百里为县的代称。

[6]治中：官名，主要治理政事的文书档案。

[7]别驾：官名。指州刺史的佐史，因随刺史出巡时另乘传车，故称。

[8]骥足：骏马的足，比喻高才。

[9]仇览：东汉陈留考城人，字季智。少好读书，为人勤谨。

[10]考城簿：考城主簿。考城，古代地名，即今河南省兰考县。主簿官名。汉代中央及郡县官署多置之。其职责为主管文书，办理事务。

[11]德化：以德行感化。

[12]令：县令。

[13]惨刻：凶狠刻毒。

[14]得无：该不会。

[15]鹰鹯：鹰与鹯。比喻果敢酷烈。

[16]枳棘：枳木与棘木。因其多刺而称恶木，比喻恶人或小人。

十五　删

张生煮海　秦铎驱山

张生[1]遇神人，与一锅，令持至海边，盛海水烧之，锅干一分，海干一丈。干至半锅，海神献宝无数，求其灭火。

秦始皇有驱山铎[2]，振其铎则石山皆走。后渔人获之水中，举铎一摇，众山皆动，识者曰："此秦王铎也。"

【注释】

[1]张生：书生张羽，事见元代李好古杂剧《沙门岛张羽煮海》。张羽与龙女琼莲相爱，龙王阻拦，张羽得仙姑所赠银锅等宝物，煮沸大海，龙王无奈，遂使张与龙女成婚。

[2]驱山铎：古代传说中能驱赶山峰的铃铛。

广德污毂　郅恽拒关

前汉薛广德[1]喜强谏。元帝[2]祀太庙[3]，出门欲御楼船[4]，广德免冠[5]谏曰："请从辇[6]。如不听臣言，臣自刎以污辇毂[7]，陛下不得入庙矣。"

郅恽[8]为东门监[9]。汉世祖[10]出猎夜还，恽拒关不纳[11]曰："远涉山林，夜以继昼，其如社稷何[12]？"帝深纳之[13]。

【注释】

[1]薛广德：西汉沛郡相人，字长卿。为人温雅有蕴藉，及为三公，直言谏争。

[2]元帝：汉元帝刘奭。西汉皇帝，宣帝长子，柔仁好儒。

[3]太庙：帝王的祖庙。

[4]楼船：有楼的大船。古代多用作战船。

[5]免冠：脱帽，表示决心。

[6]从辇：乘坐辇车。

[7]辇毂：皇帝的车舆。

[8]郅恽：东汉汝南西平人，字君章，为人刚直。

[9]东门监：东门的监门小吏。

[10]汉世祖：汉光武帝刘秀。

[11]拒关不纳：紧闭门关不接纳。

[12]其如社稷何：拿国家社稷怎么办？

[13]深纳之：认真听取他的意见。

魏颗[1]结草　杨宝衔环

晋武子[2]疾笃，嘱其子颗曰："吾死，某妾可善嫁[3]之。"后又言："此妾当以殉葬。"及卒，颗曰："善嫁，治命[4]也。殉葬，乱命也。吾从治命。"卒嫁之。后颗临阵，见一老人结草[5]以陷秦师[6]。是夜老人入梦曰："我乃妾父，感君从治命，故以报也。"

汉杨宝[7]行华山[8]，见一黄雀被创，为蚁损足，宝收之巾箱[9]内，采黄花饲之，十馀日足愈，置使飞去。一日变为黄衣少年，与宝双玉环[10]曰："好掌此环，累世为三公。"其子震至彪，果四世为太尉。

【注释】

[1]魏颗：春秋时晋国人，魏犨之子。

[2]晋武子：魏犨，春秋时晋国人，亦称魏武子。

[3]善嫁：此处指改嫁。

[4]治命：指人死前神智清醒时的遗嘱。乱命则相反。

[5]结草：用草编织成绳子。后世与成为知恩图报的典故。

[6]秦师：秦国的军队。

[7]杨宝：东汉初弘农华阴人，杨震之父。

[8]华山：在陕西省，五岳之一。

[9]巾箱：古时放置头巾的小箱子，后亦用以存放书卷、文件等物品。

[10]玉环：玉制的佩环。

神禹黄龙　帝昺白鹇

大禹济江[1]，黄龙负舟[2]。舟中人惧，王仰天叹曰："吾受命于天，竭力以劳万民。生寄也，死归也，余何忧于龙？"视龙犹蝘蜓[3]。

帝昺[4]为元兵所迫，陆秀夫[5]抱帝赴海死，御舟一白鹇[6]奋击哀鸣，堕水以溺。

【注释】

[1] 济江：渡江。

[2] 负舟：背着船。

[3] 蝘蜓：壁虎。

[4] 帝昺：即赵昺，南宋末帝。

[5] 陆秀夫：字君实，盐城人，与文天祥、张世杰并称"宋末三杰"。

[6] 白鹇：鸟名，又称银雉。

下　平

一　先

汉文尝药　大舜耕田

汉文帝[1]初封代王，生母薄太后[2]，帝奉养无怠[3]。母病三年，帝目不交睫[4]，衣不解带，汤药非口亲尝弗进，仁孝闻于天下。

虞舜，瞽瞍[5]之子。性至孝，父顽[6]，母嚚[7]，弟象傲[8]。躬耕于历山[9]，有象为之耕，鸟为之耘。其孝感如此。

【注释】

[1]汉文帝：即刘恒，西汉皇帝。在位时轻徭薄赋，与民休息，提倡农耕，经济渐次恢复，社会日趋安定。

[2]薄太后：西汉会稽吴人。文帝之母，秦末为魏王豹宫人，后为刘邦所纳。

[3]无怠：不懈怠。

[4]目不交睫：上下眼毛没有交合，即没有合眼睡觉。

[5]瞽瞍：人名。虞舜之父。或以有目而不能别好恶，乃称之曰瞽瞍。

[6]顽：愚顽。

[7]嚚：暴虐。

[8]傲：傲慢。

[9]历山：古山名。相传是舜耕种的地方。

江革负母　董永遇仙

后汉江革[1]幼失父，遭乱负母[2]逃难。遇贼，革辄泣告乞赦老母，贼怜其孝，不忍杀。转客下邳[3]，贫穷，裸跣行佣[4]以供母。凡母所好之物，虽至窘，莫不毕备。

董永[5]家贫，卖身葬父。及往偿工[6]，途遇一妇，求为永妻。同至主家，令织缣三百疋[7]乃回。一月完成，归至槐阴会所[8]，遂辞永而去。

【注释】

[1] 江革：东汉齐国临淄人，字次翁。生性孝顺，乡里称曰"江巨孝"。

[2] 负母：背着母亲。

[3] 下邳：地名。下邳郡，在今江苏徐州所辖的邳州和睢宁部分地界。

[4] 裸跣行佣：露体赤脚做雇工。

[5] 董永：传说中为东汉千乘人，事见《搜神记》。

[6] 偿工：做雇工还债。

[7] 织缣三百疋：织绢三百匹。

[8] 槐阴会所：槐树阴中相会的地方。

黄琬对日　秦宓论天

黄琬[1]十岁时，祖琼为魏郡太守。日食，琼以状闻，太后问所食多少，琼未有所对。琬在旁，曰："何不言日食之馀如月之初。"琼惊异，用其言以覆[2]。

蜀秦宓[3]，吴使张温[4]来聘，有辩才[5]。丞相亮使宓应对。温问曰:"天有头乎?"宓曰:"有,在西方,诗曰'乃眷西顾'[6]。"曰:"天有耳乎?"曰:"有,'声闻于天'[7],无耳焉闻?"曰:"天有足乎?"曰:"'天步艰难'[8],无足安步?"曰:"天有姓乎?"曰:"姓刘。天子姓刘,是以知之。"温大叹服。

【注释】

[1]黄琬:东汉江夏安陆人,字子琰。黄琼孙。与陈蕃同心辅政,显用志士。

[2]覆:回答。

[3]秦宓:三国蜀广汉绵竹人,字子敕。博学有才,应对敏捷,有才士之称。

[4]张温:三国吴吴郡吴人,字惠恕。以辅义中郎将使蜀,为蜀所重。

[5]辩才:善于言谈或辩论的才能。

[6]乃眷西顾:出自《诗经·皇矣》。

[7]声闻于天:出自《诗经·鹤鸣》。

[8]天步艰难:出自《诗经·白华》。

荀陈聚星　李郭登仙

陈寔[1]、荀淑[2]俱有才德,二人与子侄讨论,太史奏曰:"五百里内德星[3]见,有贤人聚。"

李膺[4]、郭泰相友善,同舟归乡,众宾望之,以为登仙[5]。

【注释】

[1]陈寔:东汉颍川许人,字仲弓。与子纪、谌并著高名,时号"三君"。

[2]荀淑:东汉颍川颍阴人,字季和。少有高行,博学而不守章句。

有子八人，时人谓之"八龙"。

[3] 德星：古以景星、岁星等为德星，认为国有道有福或有贤人出现，则德星现。

[4] 李膺：东汉颍川襄城人，字元礼。生性孤高，交结不广，只同同郡荀淑、陈寔等师友往来。

[5] 登仙：成仙。

刘晏正字　扬雄草玄

唐刘晏[1]八岁能文章。明皇封[2]泰山，晏作颂献辇下，帝奇之，授太子正字[3]。一日帝问："卿为正字，正得几字？"晏对曰："天下字皆正，惟有朋字不正。"

扬雄[4]博学好奇，闭门草《太玄经》[5]，学者问字[6]玄亭[7]，户屦常满[8]。

【注释】

[1] 刘晏：字士安，曹州南华人，唐朝中期杰出的理财家。

[2] 封：封禅，古代帝王祭天地的大典。在泰山上筑土为坛，报天之功，称封。

[3] 正字：官名。与校书郎同主雠校典籍，刊正文章。

[4] 扬雄：字子云，蜀郡成都人，西汉著名文学家。

[5] 太玄经：扬雄的著作，它模仿《周易》而作，主要谈论了天、地、人三者的相关问题。

[6] 问字：扬雄多识古文奇字，刘棻曾向扬雄学奇字。后来称从人受学或向人请教为"问字"。

[7] 玄亭：扬雄曾著《太玄》，其在四川成都住宅遂称草玄堂或草玄亭，亦简称"玄亭"。

[8] 户屦常满：指拜访的客人很多。

公艺百忍　孟母三迁

唐张公艺[1]九世同居。高宗[2]封泰山，幸其宅，召见之，问其睦族[3]之道。公艺书忍字百馀以进，帝嘉美之。

孟母[4]迁其居，近墓，孟子[5]好为墓间之事。再迁近市，孟子好为贸易[6]之争。三迁学官之旁，孟子乃设俎豆[7]，习揖让[8]进退之节。孟母曰："此可以教吾子矣。"遂居之。

【注释】

[1] 张公艺：隋唐时郓州寿张人，九代同居。

[2] 高宗：唐高宗李治。

[3] 睦族：家族和睦。

[4] 孟母：孟子的母亲。旧时奉为贤母的典范。

[5] 孟子：即孟轲。战国时邹人，字子舆。儒家代表人物之一。

[6] 贸易：买卖。

[7] 俎豆：俎和豆。古代祭祀、宴飨时盛食物用的两种礼器。

[8] 揖让：宾主相见的礼仪。

田单[1]火牛　恕先风鸢

燕乐毅[2]破齐，田单守即墨[3]，收城中得牛千馀头，衣绛缯[4]，尽画五采龙文，缚兵刃于其角，灌脂束苇于其尾，穿城数十穴，烧其苇端，纵牛出穴，壮士五千人随之。牛尾热，怒奔燕军，燕军大败，复齐七十馀城。

郭忠恕[5]，字恕先，洛阳人。善画，有求者必怒而去。岐下[6]蜀人日给醇酒，待之甚厚，久乃以情求，且致匹素[7]，恕先为画小童持线车放风鸢[8]，引线数丈满之。

【注释】

[1] 田单：战国时期齐国临淄人，用火牛阵大败燕国军队。

[2] 乐毅：战国时中山国灵寿人。战国后期杰出的军事家，为燕国立下了赫赫战功。

[3] 即墨：地名，在今山东省青岛市。

[4] 绛绮：红布。

[5] 郭忠恕：河南洛阳人，北宋学者、画家。

[6] 岐下：地名，在陕西岐山县一带。

[7] 匹素：一匹白绢。

[8] 风鸢：风筝。

彭咸赴水　屈原沉渊

彭咸[1]，殷大夫，谏其君不听，自投水死之。故《离骚》[2]云"愿依彭咸之遗则"。

屈原，楚宗室[3]，谏，襄王[4]怒，逐之。原披发[5]行吟[6]，以五月五日自投汨罗江而死。

【注释】

[1] 彭咸：商代人，相传任大夫，有贤名。

[2] 离骚：屈原的作品，《史记·屈原贾生列传》："离骚者，犹离忧也。"

[3] 宗室：特指与君主同宗族之人。

[4] 襄王：楚顷襄王，战国时楚国国君，熊氏，名横。

[5]披发：披头散发。

[6]行吟：边走边吟咏。

雍伯[1]种玉[2]　黄寻雨钱[3]

雍伯置义浆[4]以给行者[5]。经三年，有道人赠石子一升，谓种此当产美玉。雍伯种之蓝田[6]。北平徐氏有女美而且富，索白璧为聘，雍往蓝田，得白璧数双，取以聘之。

黄寻[7]家业甚厚，以好施而贫。忽大风雨，落钱于其家，又复巨富。

【注释】

[1]雍伯：阳雍伯，西汉洛阳人。

[2]种玉：事见《搜神记》，后以"种玉"比喻缔结良姻。

[3]雨钱：天上落钱如雨。

[4]义浆：旧时施舍行人的浆水。

[5]行者：出行的人。

[6]蓝田：县名，在陕西省。秦置县，以产美玉闻名。

[7]黄寻：北魏时期海陵人，乐善好施。

郭伋竹马　刘宽蒲鞭

郭伋[1]为并州牧[2]，行部[3]到河西[4]，儿童数百骑竹马[5]迎拜。伋曰："儿童何来？"答曰："闻使君[6]至，时来相近。"

刘宽[7]为南阳太守，吏有过者皆用蒲鞭[8]，示辱而已。其性仁厚，喜怒不见于色。

【注释】

[1] 郭伋：东汉扶风茂陵人，字细侯，为官颇有政绩。

[2] 并州牧：并州州牧。并州，九州之一，其地约当今河北保定和山西太原、大同一带地区。州牧，指一州之长。

[3] 行部：谓巡行所属部域，考核政绩。

[4] 河西：这里指今山西、陕西两省间黄河南段之西。

[5] 竹马：儿童游戏时当马骑的竹竿。后用为称颂地方官吏之典。

[6] 使君：尊称州郡长官。

[7] 刘宽：东汉弘农华阴人，字文饶，为政宽仁。

[8] 蒲鞭：以蒲草为鞭。常用以表示刑罚宽仁。

香山九老　竹林七贤

白乐天[1]于香山[2]拉九老[3]会饮，胡杲、吉旼、郑据、刘真、卢真、张浑年俱七十以上，狄兼谟、卢贞未及七十，重其人品，亦拉入会。

嵇康[4]、阮籍[5]、山涛[6]、向秀[7]、刘伶[8]、王戎[9]、阮咸[10]为竹林七贤[11]，日以酣饮为事。

【注释】

[1] 白乐天：唐代诗人白居易，字乐天，晚号香山居士。

[2] 香山：在今河南省洛阳市龙门山之东。

[3] 九老：白居易崇佛时的朋友，都是年高不仕之人。

[4] 嵇康：字叔夜，谯国铚县人，著名文学家、思想家、音乐家。

[5] 阮籍：字嗣宗，陈留尉氏人，著名诗人。

[6] 山涛：字巨源，河内郡怀县人，魏晋时期名士、政治家。

[7] 向秀：字子期，河内怀人，魏晋时期名士。

[8] 刘伶：字伯伦，沛国人，魏晋时期名士，嗜酒不羁，被称为

"醉侯"。

[9] 王戎：字浚冲，琅琊临沂人，善清言，不务政事。

[10] 阮咸：字仲容。阮籍侄，精通音律。

[11] 竹林七贤：魏晋期间的七位贤人。因常聚于当时的山阳县（今河南辉县一带）竹林之下，喝酒、纵歌，肆意酣畅，世谓七贤，后与地名竹林合称。

屠马避火　裸身刺船

徐敬业[1]幼时，英公[2]恶其状貌。因[3]猎入林，乘大风纵火烧之，敬业知无所避，屠马伏其腹中，火过，浴血而立。英公大奇之。

陈平[4]间行[5]，仗剑渡河。船人疑其亡将[6]，腰间当有金宝，数[7]目之。平恐，乃解衣裸而刺船[8]，船人知其无有，乃止。

【注释】

[1] 徐敬业：初姓李，曹州离狐人。唐朝名将李绩之孙。

[2] 英公：即李绩，详见33页。

[3] 因：趁着。

[4] 陈平：阳武户牖乡人，西汉的开国功臣之一。

[5] 间行：潜行。

[6] 亡将：逃亡的将领。

[7] 数：屡次。

[8] 刺船：撑船。

朱亥溅虎　信陵捕鹯

秦昭王[1]会魏王[2]，魏王不行[3]，使朱亥[4]捧璧一双奉昭王，昭王大怒，置朱亥虎圈中。亥瞋目[5]视虎，眦裂[6]，血出溅虎，虎不敢动。

信陵君[7]方与客饮，有鹯[8]击鸠[9]，走避于公子案下。鹯追击，杀于公子之前。公子耻之，即使人多设网罗，得鹯数十，责以杀鸠之罪，一鹯低头，馀皆鼓翅自鸣。公子遂杀低头者，馀皆释之。

【注释】

[1] 秦昭王：战国时秦国国君，名稷，一作则。

[2] 魏王：魏安釐王，战国时魏国国君，名圉。

[3] 不行：不动。

[4] 朱亥：战国时侠客，魏大梁人。有勇力，隐于屠肆。

[5] 瞋目：瞪着眼睛。

[6] 眦裂：目眶瞪裂。

[7] 信陵君：战国魏安厘王异母弟，名无忌，封信陵君。为“战国四公子”之一。

[8] 鹯：猛禽名。

[9] 鸠：鸠鸽科的鸟的泛称。

二　萧

正平挝鼓　伍员吹箫

祢衡[1]字正平，曹操谪为鼓吏，正月半试鼓，衡揭枹[2]为《渔阳掺挝》[3]，蹋地[4]来前，蹑馺[5]脚足，容态不常,声节悲壮,座客为之改容。

伍员字子胥,去楚奔吴,未至吴而病止中道,鼓腹吹箫,乞食[6]于市,因公子光[7]求见王僚[8],遂说吴伐楚,鞭平王[9]尸,以报父仇。

【注释】

[1] 祢衡:平原郡人,东汉末年名士,文学家。性格刚直高傲,得罪曹操。曹操听说祢衡善长击鼓,于是就贬谪他做鼓吏,以示羞辱。

[2] 揭枹:举起鼓槌。

[3] 渔阳掺挝:鼓曲名。

[4] 蹋地:踏着地面。

[5] 蹙骲:有意识地踩踏。

[6] 乞食:乞讨食物。

[7] 公子光:即吴王阖闾,姬姓,名光。

[8] 王僚:春秋时吴国国君,名僚,公子光的堂兄弟。

[9] 平王:楚平王,春秋时楚国国君,熊氏,名居。在位时杀太子傅伍奢及其长子。

晋獒逐赵　蹠狗吠尧

晋灵公[1]伏甲[2]欲攻赵盾[3],召盾与饮。提弥明[4]知之,曰:"臣侍饮[5],过三爵[6]非礼也。"扶而下。公嗾獒[7],明搏杀之,曰:"弃人用畜,虽猛何为?"斗且出,明死之[8]。

汉高祖[9]欲烹蒯彻[10],彻曰:"嗟乎冤哉烹也!"上曰:"若[11]教韩信反,何冤?"对曰:"蹠[12]之狗吠尧,尧非不仁,狗固吠非其主也。当是时,唯独知韩信,非知陛下也。且天下锐精持锋[13]欲为陛下所为者甚众,顾力不能耳,又可尽烹之耶?"帝曰:"赦之。"

【注释】

[1] 晋灵公:春秋时晋国国君,名夷皋,为人骄奢暴戾。

[2] 伏甲:埋伏甲兵。

[3] 赵盾:亦称赵宣子、宣孟。赵衰之子,杰出的政治家、战略指挥家,晋国第一位权臣。

[4] 提弥明:春秋时晋国人。为赵盾车右,有勇力。

[5] 侍饮:侍候、陪从尊长宴饮。

[6] 三爵:三杯酒。爵,雀形酒杯。

[7] 嗾獒:嗾使猛犬。

[8] 死之:为他而死。

[9] 汉高祖:刘邦。

[10] 蒯彻:韩信谋士,曾劝韩信背叛刘邦自立。

[11] 若:你。

[12] 蹠:古时民众起义的领袖。

[13] 锐精持锋:磨快武器,手执利刃。

欧阳画荻　怀素书蕉

欧阳修[1]四岁而孤,母郑氏教之,家贫乏纸笔,以荻画地[2]学字。后成大儒[3]。

怀素[4]喜学书,种芭蕉数万株,取其叶以代纸,名其所居曰绿天庵。

【注释】

[1] 欧阳修:江西吉水人,字永叔,号醉翁、六一居士,北宋文学家、史学家。

[2] 以荻画地:用荻杆在地上画画写字。

[3] 大儒：泛指学问渊博的人。

[4] 怀素：长沙人，唐代名僧。俗姓钱，字藏真。善草书，以狂草出名。

三 肴

文王演象　周公系爻

殷纣[1]囚文王[2]于羑里[3]，文王乃演《易》[4]，作六十四[5]卦象辞[6]。

周公以流言[7]居东，取《易》三百八十四爻，各系以辞。

【注释】

[1] 殷纣：商纣王，子姓，名受，沬邑人，商朝最后一位君主，谥号纣。

[2] 文王：见66页。

[3] 羑里：商朝监狱名。

[4] 易：易经。儒家经典之一，分《经》《传》两部分，《经》据传为周文王所作，由卦、爻两种符号重叠演成64卦、384爻，可以依据卦象推测吉凶。

[5] 六十四卦：《易》中的八卦，经两两重复排列为六十四卦。卦名是：乾、坤、屯、蒙、需、讼、师、比、小畜、履、泰、否、同人、大有、谦、豫、随、蛊、临、观、噬嗑、贲、剥、复、无妄、大畜、颐、大过、坎、离、咸、恒、遁、大壮、晋、明夷、家人、睽、蹇、解、损、益、夬、姤、萃、升、困、井、革、鼎、震、艮、渐、归妹、丰、旅、巽、兑、涣、节、中孚、小过、既济、未济。

[6] 象辞：指《周易》中的卦辞。

[7] 流言：《史记·鲁周公世家》："管叔及其群弟流言于国曰：'周

公将不利于成王。'"

李广射虎　澹台斩蛟

李广[1]出猎，见草中石，以为虎，射之没镞[2]，视之石也。更射之，终不能入。

澹台灭明[3]渡河，赍[4]千金之璧。河伯欲之，阳侯[5]波起，两蛟夹舟。灭明曰："吾可以义求，不可以威劫。"操剑斩蛟，蛟死波息。乃投璧于河，三投而辄跃出，因毁璧而去，示无吝意[6]。

【注释】

[1] 李广：陇西成纪人，先祖为秦朝名将李信，西汉名将，擅长射箭，人称"飞将军"。

[2] 没镞：箭镞没入石中。

[3] 澹台灭明：春秋时鲁国武城人，字子羽。孔子弟子。貌丑，为人公正。

[4] 赍：携带。

[5] 阳侯：古代传说中的波涛之神。

[6] 示无吝意：表示没有吝啬的意思。

四　豪

糜竺[1]禳火[2]　桓景登高

蜀糜竺从洛阳乘车归，有妇人寄载，临别曰："我天使[3]也。上帝令烧汝家，今见汝心善，亟归搬运家物，我且缓来。"竺从之，赀物运尽，止烧小屋数间。

桓景[4]从费长房[5]学道，长房语曰："九月九日[6]汝家有大灾，可令家人各带茱萸登高山，饮菊花酒，祸乃息。"景从其言，登高山数日，归见其家牛羊鸡犬皆暴死焉。

【注释】

[1]糜竺：即麋竺，又作糜竺，字子仲，东海朐县人。为东汉末年徐州富商，后来被徐州牧陶谦辟为别驾从事，陶谦死后跟随刘备。

[2]禳火：消除火灾。

[3]天使：天神的使者。

[4]桓景：东汉汝南人。

[5]费长房：汝南人。曾为市掾。传说从壶公入山学仙，未成辞归。能医重病，鞭笞百鬼，驱使社公。一日之间，人见其在千里之外者数处，因称其有缩地术。

[6]九月九日：即重阳节，后文带茱萸、登高、饮菊花酒皆是重阳习俗。

雷焕掘剑　吕虔佩刀

张华[1]与雷焕[2]见斗牛[3]间有剑气，定其分野[4]，当在丰城[5]。华即荐焕为丰城令，焕到县，掘狱地深丈余，得二剑，一送华，一自佩。焕卒，其子佩之，至延津[6]，剑忽跃出入水，令人泅水取之，见两龙身长数丈，人不敢近。

吕虔[7]有佩刀，赠王祥[8]曰："相者谓佩此刀者必登三公。卿真公辅器[9]，故以相赠。"祥辞勿获，乃受。及卒，授弟览曰："汝后必兴，足称[10]此刀。"览佩之，六子皆显，导即其孙也。

【注释】

[1] 张华：字茂先，范阳方城人，西晋时期政治家、文学家、藏书家。

[2] 雷焕：字孔章，东晋人，生卒年不可详考，曾为丰城县令。

[3] 斗牛：二十八宿中的斗宿和牛宿。

[4] 分野：与星次相对应的地域。古以十二星次的位置划分地面上州、国的位置与之相对应。就天文说，称作分星；就地面说，称作分野。

[5] 丰城：地名，在今江西丰城市。

[6] 延津：即延平津。古代津渡名，晋时属延平县，故称。

[7] 吕虔：三国魏任城人，字子恪。世称其能任贤。

[8] 王祥：字休徵。琅琊临沂人。三国曹魏及西晋时大臣。

[9] 公辅器：公卿一类辅佐帝王的人才。

[10] 称：配得上。

渊明松菊　仲蔚蓬蒿

陶彭泽[1]解绶归，作《归去来辞》[2]，有曰："三径[3]就荒，松菊[4]犹存。"

汉张仲蔚[5]博学善词赋，杜门[6]养性，户外蓬蒿[7]没径。时人莫识也，惟刘龚[8]知之。

【注释】

[1] 陶彭泽：即东晋诗人陶渊明，曾任彭泽令，故称。

[2] 归去来辞：辞赋篇名，晋陶渊明所作。后用以归隐之典。

[3] 三径：晋赵岐《三辅决录·逃名》："蒋诩归乡里，荆棘塞门，舍中有三径，不出，唯求仲、羊仲从之游。"后因以"三径"指归隐者的家园。

[4] 松菊：即松树和菊花。松与菊不畏霜寒，因以喻坚贞节操或具

有坚贞节操的人。

[5]张仲蔚：东汉扶风平陵人，隐居不仕。

[6]杜门：闭门。

[7]蓬蒿：蓬草和蒿草，泛指草丛。

[8]刘龚：东汉京兆长安人，字孟公。刘歆侄，或称刘歆侄孙。善论议，为马援、班彪所器重。

袁安卧雪　枚乘观涛

汉袁安[1]客洛阳，时大雪，洛阳尹[2]按行[3]至安门，门闭无行迹，令人除雪，入户见安，僵卧不起。令问之，答曰："大雪人皆饿死，岂宜干人[4]？"令举孝廉[5]，为河南尹。

汉枚乘[6]，淮阴人。游于梁，梁孝王[7]尊为上客。善属文，尝作观涛《七发》[8]以进楚太子[9]，太子见之，病忽然愈。景帝[10]召拜都尉。

【注释】

[1]袁安：东汉汝南汝阳人，字邵公。治政严明，名重朝廷。

[2]尹：旧时官名，地方行政长官。

[3]按行：巡视。

[4]干人：求人。

[5]孝廉：孝，指孝悌者；廉，清廉之士。分别为统治阶级选拔人才的科目，始于汉代，在东汉尤为求仕者必由之途，后往往合为一科。

[6]枚乘：西汉临淮淮阴人，字叔。善辞赋。

[7]梁孝王：刘武，汉文帝第二子。梁，即大梁，在今河南省开封市。

[8]七发：辞赋名篇。枚乘所作，文中说七事以起发太子。后形成

一种辞赋体裁,称为"七体",简称"七"。

[9] 楚太子:《七发》中的虚构人物。

[10] 景帝:汉景帝刘启,西汉第六位皇帝,汉文帝之子,和汉文帝共同开创"文景之治"。

杨修鸡肋　毕卓蟹螯

魏武[1]出征,师老[2]欲退,食鸡肋[3]而叹。杨修[4]曰:"曹公其欲解兵[5]乎?"或问其故,修曰:"鸡肋食之无味,弃之可惜。其叹盖为此也。"

毕卓[6],字茂世。好酒任诞[7],尝云:"一手持蟹螯[8],一手持酒杯,拍浮[9]酒池中,便足了一生。"

【注释】

[1] 魏武:魏武帝曹操。

[2] 师老:军队疲劳,士气低落。《春秋左传·僖公二十八年》:"晋师退。军吏曰:'以君辟臣,辱也。且楚师老矣,何故退?'子犯曰:'师直为壮,曲为老,岂在久乎?'"

[3] 鸡肋:鸡的肋骨。比喻无多大意味、但又不忍舍弃之事物。

[4] 杨修:字德祖,司隶部弘农郡华阴人,太尉杨彪之子,才智过人,为曹操所猜忌。

[5] 解兵:停战。

[6] 毕卓:东晋官员。字茂世,新蔡鲖阳人。晋元帝太兴末年为吏部郎,因饮酒而废职。

[7] 任诞:任性放诞。

[8] 蟹螯:螃蟹变形的第一对脚,状似钳。

[9] 拍浮:游泳。

文王麟趾　超宗凤毛

《麟趾》[1]，《周南》[2]美文王之诗，诗曰："麟之趾，振振[3]公子。于嗟[4]麟兮。麟之定，振振公姓。于嗟麟兮。麟之角，振振公族。于嗟麟兮。"

宋谢凤[5]子超宗[6]善文词，作《殷妃诔》[7]，帝叹赏曰："超宗殊有凤毛[8]。"

【注释】

[1]麟趾：诗经篇目名。以麒麟比喻有仁德、有才智的贤人。

[2]周南：《诗经·国风》之一。后人认为《周南》所收大抵为今陕西、河南、湖北之交的民歌，颂扬周之德化及于南方。

[3]振振：信实仁厚貌。

[4]于嗟：叹词。表示赞叹。

[5]谢凤：南朝宋人，宋文帝元嘉中任鄞令。

[6]超宗：谢超宗，南朝齐陈郡阳夏人。谢灵运孙。好学，文辞盛得名。

[7]殷妃诔：《南齐书·谢超宗传》："王母殷淑仪卒，超宗作诔奏之，帝大嗟赏。"诔，哀悼死者的文章。

[8]凤毛：比喻人子孙有才似其父辈者。

狄梁集翠　张禄绨袍

武后[1]赐张昌宗[2]集翠裘，命与狄梁公双陆，曰："以何作注？"公曰："以臣之袍。"后曰："价不等。"公曰："此大臣朝见之服，与配较胜。"昌宗累局连北，公对御褫裘[3]谢恩而出，即赐马前厮卒[4]。

须贾[5]谮[6]范雎[7]于魏齐[8]，齐答掠[9]濒死。

·91·

亡至秦，更名张禄，为秦相。贾使秦，雎微服[10]见之。贾惊曰："范叔一寒至此！"乃取绨袍[11]赠之。及见秦相张禄，乃范雎也。贾肉袒[12]请罪。雎坐贾堂下，置荅豆[13]其前，而马食[14]之，曰："尔罪当死，今释尔者，以绨袍恋恋[15]有故人意也。"

【注释】

[1] 武后：即武则天，并州文水人，中国历史上唯一的正统女皇帝。

[2] 张昌宗：唐定州义丰人，美姿容，武则天万岁通天二年由太平公主引荐入侍禁中，颇为则天所宠信。

[3] 对御褫裘：在皇帝面前夺下裘袍。褫，夺也。

[4] 马前厮卒：马夫。

[5] 须贾：战国时魏国人，为魏中大夫，范雎贫时曾事之。

[6] 潛：无中生有说坏话。

[7] 范雎：战国时魏国人，字叔。长于辩论，为秦国进远交近攻之策，扩疆拓土，为其后秦统一六国奠定基础。

[8] 魏齐：战国时魏国人。魏之公族，昭王时为相。

[9] 笞掠：拷打。

[10] 微服：为隐藏身份而穿的便服。

[11] 绨袍：厚缯制成之袍。

[12] 肉袒：去衣露体。古代在祭祀或谢罪时表示恭敬和惶惧。

[13] 荅豆：轧碎的豆子和草料。

[14] 马食：像马那样进食。

[15] 恋恋：顾念。

五 歌

鲁蝗出境　宋虎渡河

后汉鲁恭[1]为中牟[2]令，时蝗虫伤稼，独不至中牟。河南尹袁安闻，使人视其邑，恭适劝农[3]，坐桑下，有雉止其前，童子在旁。或曰："何不捕之？"答曰："方春，雉将雏[4]，故不忍也。"人传蝗不犯境，化及禽兽，童子有仁心，谓中牟三异。

宋均[5]为九江[6]太守，郡多暴虎[7]为民害，常设槛阱[8]。均到任悉去之，虎乃携子渡河远去。

【注释】

[1]鲁恭：东汉扶风平陵人，字仲康。理政以德化为理，不任刑罚。

[2]中牟：地名，在今河南省中牟县。

[3]劝农：古代政府官员在春夏农忙季节，巡行乡间，劝课农桑，称劝农。

[4]将雏：携带幼禽。

[5]宋均：东汉南阳安众人，字叔庠。为政宽厚，能得民心。

[6]九江：地名，即今江西省九江市。

[7]暴虎：凶猛的老虎。

[8]槛阱：捕捉野兽的机具和陷坑。

傅毅学富　陆机才多

傅毅[1]，茂陵人。博学能文，以明帝[2]求贤不笃[3]，士多隐处，毅作《七激》以讽之。章帝[4]授兰台令史[5]，与班固[6]、贾逵[7]共典校书，文雅显于朝廷。

陆机[8]文章华赡[9]，张茂先[10]称之曰："人患[11]才少，子患才多。"

【注释】

[1] 傅毅：字武仲，扶风茂陵人，东汉时期著名的文学家。

[2] 明帝：汉明帝刘庄。

[3] 不笃：不真诚。

[4] 章帝：汉章帝刘炟，是东汉第三位皇帝，汉光武帝刘秀之孙。

[5] 兰台令史：官名。东汉始置，隶御史中丞，掌书奏及印工文书，兼校定宫廷藏书文字。

[6] 班固：东汉史学家、文学家。扶风安陵人。父班彪也是史学家。他继承父业，续修《汉书》。

[7] 贾逵：字景伯，扶风平陵人，东汉著名学者，擅长《左传》《国语》。

[8] 陆机：字士衡，吴郡吴县人，西晋著名文学家、书法家。与其弟陆云合称"二陆"。

[9] 华赡：文辞华美富丽。

[10] 张茂先：张华，字茂先，范阳方城人。西晋文学家。

[11] 患：苦于。

曹瞒[1]横槊　刘琨枕戈

曹孟德精于四言[2]，每行军，尝横槊[3]赋诗，寄其豪迈。如"月朗星稀，乌鹊南飞"[4]，皆其佳句也。

刘琨与祖逖齐名，常与亲旧书曰："吾枕戈待旦[5]，志枭[6]逆虏[7]，常恐祖生先吾著鞭[8]。"

【注释】

[1]曹瞒：曹操小字阿瞒，因呼为曹瞒。

[2]四言：四言诗，即每句四字。

[3]横槊：横持长矛，象征气概豪迈的样子。

[4]月朗星稀，乌鹊南飞：见曹操《短歌行》："月明星稀，乌鹊南飞。"

[5]枕戈待旦：枕着兵器，等待天亮。形容杀敌报国心切。

[6]枭：杀。

[7]逆虏：对叛逆者的蔑称。

[8]先吾著鞭：比我先挥鞭策马。后以"先鞭"为占先的典实。

安仁掷果　幼舆投梭

潘岳[1]，字安仁。美姿容，少时挟琴弹出洛阳道，妇人皆投之以果[2]，满车而归。长为河阳[3]令，满县栽桃李，人称花满河阳。

谢鲲[4]，字幼舆。通简有高识，不修威仪，好《老》《易》，能歌，善鼓琴[5]。邻有高氏女美，鲲挑[6]之，女飞梭[7]折其两齿，时语曰："任达[8]不已，幼舆折齿。"鲲傲然曰："犹不废我啸歌[9]。"

【注释】

[1]潘岳：荥阳中牟人，字安仁，西晋文学家，美姿仪，后世亦简称"潘安"。

[2]掷果：后成为美男子受到妇女爱慕的典故。

[3]河阳：县名。在今河南省孟县一带。

[4]谢鲲：字幼舆，陈郡阳夏人，西晋官员。

[5]鼓琴：弹琴。

[6]挑：撩拨。

[7] 飞梭：扔梭子。

[8] 任达：放任旷达。

[9] 啸歌：长啸歌吟。

率更驻马　逸少换鹅

欧阳率更[1]行见古碑，是索靖[2]所书，驻马[3]观之，良久而去。数百步复还下马，立倦则布毯坐观。三日乃去。

山阴[4]道士养好鹅，右军[5]往观，因求市之。道士云："为我写《黄庭经》，当举鹅相赠。"右军欣然写毕，笼鹅以归。

【注释】

[1] 欧阳率更：唐代书法家欧阳询，曾任率更令，故称。率更令，官名，掌伎乐漏刻、皇族次序及刑法事。

[2] 索靖：西晋敦煌人，字幼安。善书法，与卫瓘俱以草书知名，并称"二妙"。

[3] 驻马：使马停下不走。

[4] 山阴：浙江绍兴古县名。

[5] 右军：即王羲之。

寇莱植竹　全义笑禾

寇莱公[1]卒，归葬西京[2]，道出荆南公安县[3]，人皆祭哭于路，折竹插地以挂纸钱。逾月[4]视之，竹皆生笋，人号莱公竹。

张全义[5]为河南尹，见田畴[6]美者即下马欣赏，召田主劳以酒食。故民间言："张公不喜声伎[7]，但见佳禾则笑耳。"

【注释】

[1]寇莱公：寇准，字平仲。北宋政治家，因封莱国公，故称。

[2]西京：指河南府，即今河南省洛阳市。

[3]荆南公安县：公安县，今在湖北省中南部。荆南，即古荆州一带。

[4]逾月：过一个月。

[5]张全义：五代时濮州临濮人，字国维。为政宽简，劝耕殖。

[6]田畴：田地。

[7]声伎：此指歌舞表演。

满床堆笏　盈里鸣珂

郭子仪[1]进封汾阳王[2]，八子、七婿、诸孙十馀人皆同朝贵显。每朝罢至家，脱卸朝衣[3]，人谓其满床牙笏[4]。

张嘉贞[5]开元[6]间拜中书令[7]，弟嘉祐任金吾卫将军[8]，每入朝，轩盖驺从[9]盈闾巷，时号所居坊曰鸣珂[10]里。

【注释】

[1]郭子仪：字子仪，以字行。华州郑县人。唐代名将、政治家、军事家。

[2]汾阳王：汾阳郡王。汾阳，在今山西省吕梁市。

[3]朝衣：君臣上朝时穿的礼服。

[4]牙笏：象牙手板，即朝笏，为大臣朝见皇帝时所执用。

[5]张嘉贞：唐蒲州猗氏人，字嘉贞，以字行。唐朝时期宰相。

[6]开元：唐玄宗年号。

[7] 中书令：官名，其职权历代多有沿革。唐代中书令为首席宰相，在三省长官中位居第一。

[8] 金吾卫将军：官名。佐大将军掌宫中、京城巡警，烽候、道路、水草之宜。

[9] 轩盖驺从：泛指车马侍从。

[10] 鸣珂：显贵者所乘的马以玉为饰，行则作响，因以"鸣珂里"名达官显贵的居所。

橘叟幻草　王质烂柯

巴邛[1]人剖橘，内有二叟弈棋[2]。一叟曰："橘中之乐不减商山[3]。"一叟出袖中一草，食其根，曰："此龙根脯也。"食讫，以水喷其草，化为龙，二叟骑之而去。

衢州[4]王质[5]入山伐木，至石室中，见二童子弈棋，质置斧而观。童子以一物如枣与质食之，便不饥。局终散去，质取斧，柯已烂[6]尽矣。归家已数十年，子孙都不能识。

【注释】

[1] 巴邛：今四川一带。

[2] 弈棋：下棋。

[3] 商山：山名。在今陕西省商县东。地形险阻，景色幽胜。秦末汉初东园公、绮里季、夏黄公、甪里先生，为避秦乱，隐于商山，年皆八十有馀，须眉皓白，时称商山四皓。

[4] 衢州：地名，今浙江省衢州市。

[5] 王质：西晋东阳人。

[6] 烂柯：后以"烂柯"谓岁月流逝，人事变迁。

六 麻

雄口吐凤[1]　白笔生花

扬雄梦口吐白凤,乃作《太玄经》、《法言》[2]诸书。李白少时梦笔头生花[3],后天才赡逸[4],名闻天下。

【注释】

[1]吐凤:后以"吐凤"称颂文才或文字之美。

[2]法言:书名。西汉扬雄著。凡十三卷。因文字体例效法《论语》,故名。阐发儒家思想,以尊经宗圣为指归。

[3]生花:后以"梦笔生花"谓才思俊逸,文笔优美。

[4]赡逸:诗文词采富丽,感情奔放。

李充四部　惠施五车

晋李充[1]为著作郎[2],时典籍混乱,充以类相从,分为四部[3]。

庄子《南华经[4]·天下篇》曰:"惠施[5]多方[6],其书五车[7]。其道舛驳[8],其言也不中[9]。"

【注释】

[1]李充:字弘度,江夏人。东晋著名的文学家、文论家、目录学家。

[2]著作郎:官名。三国魏明帝始置,属中书省,掌编纂国史。

[3]四部:甲、乙、丙、丁四部,分置经、史、子、集之书。

[4]南华经:《庄子》的别名。《旧唐书·玄宗纪》:"天宝元年二月庄子号为南华真人……所著书改为真经。"

[5]惠施:惠子,名施,战国中期宋国人,著名的政治家、哲学家,是名家学派的开山鼻祖和主要代表人物。

[6] 多方：学识渊博。

[7] 五车：用以形容读书多，学问渊博。

[8] 舛驳：错误杂乱。

[9] 不中：不当。

伏波[1]勒柱[2]　博望乘槎

马援拜伏波将军，征蛮，因立铜柱为汉之极界[3]。张骞[4]奉使西域，因穷河源[5]，留十馀岁。骞见浮槎[6]，乘之至天河，见织女，得支机石[7]而归。后封博望侯[8]。

【注释】

[1] 伏波：汉将军名号。

[2] 勒柱：刻字于柱。

[3] 极界：边界。

[4] 张骞：字子文，汉中郡城固人，西汉外交家。

[5] 河源：黄河的源头。

[6] 浮槎：传说中来往于海上和天河之间的木筏。

[7] 支机石：天上织女用以支撑织布机的石头。

[8] 博望侯：西汉著名外交家张骞的封爵。侯国国都在今河南省方城县博望镇。

顺昌射斛　越石吹笳

刘锜[1]号顺昌旗帜[2]。少从父征讨，中门[3]水斛[4]满，以箭射之，拔箭水注，随以一矢窒[5]之。人服其精巧。

刘琨号越石，避乱坞壁[6]，贾胡[7]百数欲害琨，毫无惧色，援笳[8]吹之，为《出塞》《入塞》之曲，以动游子之思。于是群胡散去。

【注释】

[1]刘锜：字信叔，德顺人。南宋抗金名将。

[2]顺昌旗帜：刘锜镇守顺昌（今安徽省阜阳市）时，大破金兵，后金军为之丧胆。《宋史·刘锜传》："敌望见曰：'此顺昌旗帜也。'即退走。"

[3]中门：此处即牙门。古时驻军，主帅或主将帐前树牙旗以为军门。

[4]水斛：盛水的容器。

[5]窒：堵住。

[6]坞壁：防御用的土堡，土障。

[7]贾胡：经商的胡人。

[8]笳：中国古代北方民族的一种吹奏乐器，似笛。通常称"胡笳"。

左思十稔　庭筠八叉

左思[1]作《三都赋》[2]，搆思十稔[3]，门庭籓溷[4]皆着笔札[5]，得一句辄书之。及成，皇甫谧[6]作序，洛阳为之纸贵[7]。

温庭筠[8]工赋，其入试作赋[9]，八叉[10]手而八韵成。人称之"温八叉"。

【注释】

[1]左思：字泰冲，齐国临淄人。西晋著名文学家。

[2]三都赋：由左思所撰，分别是《魏都赋》《蜀都赋》《吴都赋》，是魏晋赋中独有的长篇。

[3]搆思十稔：构思十年。稔，年。

[4]藩溷：篱笆边、厕所旁。

[5]笔札：毛笔与简牍。亦泛指文具用品。

[6]皇甫谧：西晋学者，安定朝那人，字士安，幼名静，自号玄晏先生。

[7]纸贵：纸张因豪富之家竞相传抄而涨价。形容著作风行一时，流传甚广。

[8]温庭筠：本名岐，字飞卿，太原人。唐代著名诗人、词人。

[9]作赋：此处写的是八韵的小赋。

[10]八叉：两手相拱为叉。温庭筠才思敏捷，八次叉手而成八韵。

张颢印鹊　乐广弓蛇

张颢[1]为梁州[2]牧，见一鹊飞绕于庭，堕地化为圆石，搥破之，得一金印，文曰"忠孝侯印"[3]。

乐广[4]为河南尹，宴客，壁上有悬弓照于杯中，影如蛇，客惊，谓蛇入腹，遂病。后至其故处，知为弓影[5]，其病随愈。

【注释】

[1]张颢：五代时蔡州人。唐末以骁勇事秦宗权，后从孙儒。

[2]梁州：古九州之一，代指陕西、四川盆地、汉中及部分云贵地区。

[3]忠孝侯印：《搜神记》："后议郎汝南樊衡夷上言：'尧、舜时旧有此官，今天降印，宜可复置。'颢后官至太尉。"后因以"鹊印"指称公侯之位或喻指升迁发迹。

[4]乐广：魏晋时期名士，南阳淯阳人，字彦辅，善清言。

[5]弓影：此即杯弓蛇影之典，比喻疑神疑鬼，自相惊扰。

李衡植橘　邵平种瓜

李衡[1]为丹阳[2]守，于龙阳州[3]上种橘千树。临终敕其子曰："吾有千头木奴[4]，不责[5]汝衣食，岁上绢一疋，亦足用矣。"

邵平[6]，故秦东陵侯。秦破，为布衣[7]，种瓜长安城东，瓜有五色，味甚甘美，世号东陵瓜[8]。

【注释】

[1]李衡：三国吴襄阳人，为官清正。

[2]丹阳：地名，今属江苏镇江。

[3]龙阳州：即武陵龙阳县的泛洲。泛洲，湖中大片的淤积洲。

[4]木奴：对柑橘树的拟人化称呼。

[5]责：索取。

[6]邵平：秦朝东陵侯，负责看管长安边的秦东陵。

[7]布衣：借指平民。古代平民不能衣锦绣，故称。

[8]东陵瓜：后泛指味美之瓜。

王猛扪虱　句践式蛙

王猛[1]少贫，以鬻畚[2]为业。好读兵书，气度宏远，隐于华山。桓温[3]入关，披褐[4]诣之，扪虱[5]而谈当世之务，旁若无人。温强之出，不就。后苻坚[6]拜为尚书左丞[7]。

越王句践[8]受辱于吴，思以报复。一日出游，见怒蛙而式[9]之。左右问故，王曰："有气如此，何敢不式？"战士兴起，皆助越伐吴。

【注释】

[1] 王猛：字景略，出生于青州北海郡剧县，后移家魏郡。十六国时期重要政治家、军事家，对前秦富国强兵，统一北方有重要影响。

[2] 鬻畚：卖畚箕。

[3] 桓温：见58页。

[4] 披褐：身穿短褐，代表平民的衣服。

[5] 扪虱：抓虱子，形容放达从容，侃侃而谈。

[6] 苻坚：十六国时前秦国君。略阳临渭人，氐族，博学多才，有经世之志。

[7] 尚书左丞：官名。汉成帝建始四年置尚书，员五人，丞四人。汉光武帝时，减二人，始分左右丞。尚书左丞佐尚书令，总领纲纪。

[8] 句践：越王允常之子，春秋末年越国国君，卧薪尝胆后灭吴。

[9] 式蛙：对怒蛙致敬。式，轼也，俯凭车前横木表示尊敬。汉赵晔《吴越春秋·勾践伐吴外传》记载，越王勾践将伐吴，出，见怒蛙，勾践俯凭车前横木为敬。从者问其故，勾践说："吾意者，今蛙虫无知之物，见敌而有怒气，故为之轼。"此为激励士卒锐气之典。

七　阳

周钱九府　汉法三章

唐[1]、虞、夏、商之世币金有三品，至周太公望[2]乃立九府圜法[3]，钱圆函方[4]，轻重以铢，以通九府之用。

汉高帝[5]入关[6]，召父老谓曰："父老苦秦苛法久矣。诸侯约先入关者王之，吾当王关中[7]，与父老约法三章[8]耳，杀人者死，伤人及盗抵罪，馀悉除去。"

【注释】

[1] 唐：即尧的时代，因尧初居于陶，后迁居唐，故称陶唐氏，史称唐尧。

[2] 太公望：即吕尚。详见6页。

[3] 九府圜法：九府是周代掌管财币的机构，后泛指国库。分为大府（亦作太府）、玉府、内府、外府、泉府、天府、职内、职金、职币。圜法，一种货币制度。《汉书·食货志下》："太公为周立九府圜法。"颜师古注："圜，谓均而通也。"

[4] 钱圆函方：指钱币外圆而内方。

[5] 汉高帝：刘邦。

[6] 入关：进入函谷关。

[7] 关中：函谷关以西战国末秦故地。

[8] 约法三章：谓订立简明的条款，以资遵守。

纪信诳楚　仁杰反唐

楚围荥阳[1]急，汉将纪信[2]曰："事急矣，臣请诳楚[3]。"乃乘王车出东门，曰："食尽汉王降。"楚人皆之城东观，汉王乃遁去。项王烧杀纪信。

狄仁杰劝武后迎还庐陵王[4]。后王登极，反周为唐[5]，皆其力也。时人谓之"取日虞渊[6]，不易为力"。

【注释】

[1] 荥阳：县名，今在河南。

[2] 纪信：西汉人。楚汉战争中，事汉王为将军。项羽围困荥阳，汉王危急。信伪装汉王出东门降楚，使刘邦得从西门遁走。

[3] 诳楚：欺骗楚军。

[4] 庐陵王：即唐中宗李显。唐朝皇帝。高宗第七子。既嗣位，母

武后临朝称制，废之为庐陵王。武周圣历二年，复为太子。神龙元年，张柬之等以羽林兵讨乱，始复帝位及唐国号。

[5] 反周为唐：推翻武周，恢复唐朝。

[6] 取日虞渊：虞渊，传说为日没处。此指从太阳落下的地方把太阳迎回，指恢复帝位。

庶女掣电　邹衍降霜

《淮南子》[1]曰："庶女告天[2]，雷电下掣。"

邹衍[3]尽忠事燕惠王[4]，王信谗而系之狱，仰天而哭，夏月为之陨霜。

【注释】

[1] 淮南子：西汉皇族淮南王刘安及其门客集体编写的一部哲学著作，属于杂家作品。

[2] 庶女告天：指春秋时齐国一民女负冤莫申，仰天呼号事。《淮南子·览冥训》："庶女叫天，雷电下击，景公台陨，支体伤折，海水大出。"高诱注："庶贱之女，齐之寡妇，无子不嫁，事姑谨敬。姑无男有女，女利母财，令母嫁妇，妇益不肯。女杀母以诬寡妇，妇不能自明，冤结叫天，天为作雷电下击，景公之台陨坏。"

[3] 邹衍：战国时齐国人。居稷下，曾历游魏、燕、赵等国，见尊于诸侯。燕昭王为筑碣石宫，亲往师之。好谈天文，时人称为"谈天衍"。

[4] 燕惠王：战国末燕国国君，昭王子。

陈平冠玉　晁错智囊

人讥陈平[1]美如冠玉[2]，其中未必有也。

晁错[3]学申商[4]刑名[5]，以文学为太常卿[6]，谋诛七国[7],时人称为"智囊"[8]。

【注释】

[1]陈平：西汉初年谋臣。

[2]冠玉：装饰帽子的美玉。裴骃《史记集解》引《汉书音义》："饰冠以玉,光好外见,中非所有。"

[3]晁错：颍川人,西汉政治家、文学家。他为人刚直苛刻,直言敢谏,为发展西汉经济和巩固汉政权制定并主持实施了许多积极政策。

[4]申商：战国时期申不害、商鞅的并称,两人均为法家的重要人物。

[5]刑名：战国时以申不害为代表的学派。主张循名责实,慎赏明罚。后人称为"刑名之学"。

[6]太常卿：官名。汉景帝中元六年,改奉常为太常,为九卿之一,司礼乐郊庙社稷事宜。

[7]七国：指汉景帝时吴、楚、赵、胶西、济南、菑川、胶东七个诸侯国。

[8]智囊：称足智多谋的人。

冯驩焚券　汲黯开仓

冯驩[1]为孟尝君[2]取债[3]于薛,驩置酒召负者[4]持券合之,能与息者与为期,贫不能与息者取其券烧之。比反[5],孟尝问："收息几何？"驩曰："君家府库充实,所乏者义耳。窃为君市义[6]而返也。"

汉汲黯[7]为武帝巡视东粤[8],时值岁饥,黯以便宜[9]持节[10]发仓粟赈贫民。比归,纳节自陈矫制[11]之罪。帝贤而释之。

【注释】

[1] 冯驩：战国时齐国人。孟尝君门下食客。曾以食无鱼、出无车、无以为家而三为长铗归来之歌。后为孟尝君至封邑薛地收债，悉焚不能还息者之券，为孟尝君沽美名。

[2] 孟尝君：即田文，战国时齐国贵族，齐威王田因齐之孙，"战国四公子"之一，有门客数千。

[3] 取债：讨债。

[4] 负者：负债的人。

[5] 比反：等到返回。

[6] 市义：收买人心，博取正义。

[7] 汲黯：西汉名臣。字长孺，濮阳人。为人耿直，好直谏廷诤，汉武帝刘彻称其为"社稷之臣"。

[8] 东粤：广东。

[9] 便宜：便宜，指便宜行事之权。

[10] 持节：古代使臣奉命出行，必执符节以为凭证。

[11] 矫制：假托君命行事。制，制书。

玄龄剔目　宋弘糟糠

房玄龄[1]布衣时，病且[2]死，令妻再嫁。其妻泣入帷中，剔一目以永信[3]。玄龄疾愈，后至入相，礼之终身。

光武姊湖阳公主[4]新寡，欲下嫁。帝语宋弘，弘曰："贫贱之交不可忘，糟糠之妻不下堂[5]。"帝顾主曰："事不谐[6]矣。"

【注释】

[1] 房玄龄：齐州临淄人，唐初政治家、宰相，凌烟阁二十四功臣

之一。

[2] 且：将要。

[3] 永信：此指信守誓约，绝不改嫁。

[4] 湖阳公主：刘黄，汉光武帝刘秀的大姐，对宋弘颇为中意。

[5] 糟糠之妻不下堂：意谓贫困时与之共食糟糠的妻子不可遗弃。

[6] 不谐：不成。

青辞梁国　韬泣汾阳

有人言狄梁公为狄青[1]之祖，遗[2]其神像，青缄[3]而还之曰："吾自有祖，岂敢冒认？"

郭崇韬[4]认郭汾阳[5]为祖，过其墓门，恸哭哀号，人皆笑之。

【注释】

[1] 狄青：字汉臣，汾州西河人，北宋名将。

[2] 遗：给予。

[3] 缄：封。此处指把狄仁杰的神像封存好。

[4] 郭崇韬：五代代州雁门人，字安时。为人明敏，有才干。

[5] 郭汾阳：唐代名将郭子仪，封汾阳王，故称。

五株杨柳　八百枯桑

陶靖节[1]所居栗里[2]柴桑[3]门前有杨柳五株，遂号五柳先生[4]，自为作传。

诸葛武侯[5]有疾，自表后主[6]曰："臣成都有桑八百、薄田五十顷，子弟衣食自有馀饶，不别治生[7]以长尺寸。若臣死之日，不使内有馀帛，外有赢财[8]，以负陛下而已。"死后卒如其言。

【注释】

[1] 陶靖节：东晋诗人陶渊明，私谥靖节徵士。

[2] 栗里：地名，在今江西省九江市西南。

[3] 柴桑：古县名。西汉置，因县西南有柴桑山得名，治所在今江西省九江市西南。

[4] 五柳先生：陶渊明自称，有《五柳先生传》。

[5] 诸葛武侯：诸葛亮。详见35页。

[6] 后主：称一个王朝的末代君主。此指刘备之子刘禅。

[7] 治生：营生。

[8] 赢财：多馀的财产。

埋儿郭巨　寻母寿昌

汉郭巨[1]家贫，有子三岁，母尝减食与之。巨谓妻曰："贫乏不能供母，子又分母之食，盍[2]埋之？"掘坑三尺，乃得黄金一釜[3]，上书"天赐郭巨，官不得取，民不得夺"。

朱寿昌[4]年七岁，生母刘氏为嫡母[5]所妒出嫁，母子不相见者五十年。神宗[6]朝弃官入秦，与家人诀，不见母誓不还乡。后行次[7]同州[8]得之，时母七十馀。

【注释】

[1] 郭巨：东汉隆虑人，一说河内温县人。以孝闻名于世。

[2] 盍：何不。

[3] 一釜：一锅。

[4] 朱寿昌：北宋扬州天长人，字康叔。

[5] 嫡母：妾生的子女称父之正妻。

[6]神宗:宋神宗赵顼,宋英宗赵曙长子,北宋第六位皇帝。

[7]行次:行旅到达。

[8]同州:即今陕西省大荔县。

假鹿郯子　扼虎杨香

周郯子[1]性至孝,父母年老,俱患双眼[2],思食鹿乳[3]。郯子乃衣鹿皮入深山,混鹿群之中,取其乳以供亲。

晋杨香[4]年十四岁,随父丰往田获粟[5],父为虎曳去,香手无寸铁,踊跃[6]向前扼持[7]虎头,虎亦靡然[8]而逝,父得免死。

【注释】

[1]郯子:春秋时期人。

[2]俱患双眼:两个人双眼都有病。

[3]鹿乳:鹿奶。

[4]杨香:晋人。以孝闻名。

[5]获粟:收取粟米。

[6]踊跃:跳跃。

[7]扼持:抓住。

[8]靡然:颓然的样子。

烟霞痼癖　泉石膏肓

唐田游岩[1]频召不出。高宗[2]幸嵩山[3],亲至其门。游岩野服[4]出拜,仪止[5]谨朴。帝问:"先生比[6]佳否?"对曰:"臣所谓烟霞痼癖,泉石膏肓[7]。"

【注释】

[1] 田游岩：唐代隐士，京兆三原人，有文才。

[2] 高宗：唐高宗李治。

[3] 嵩山：山名。在河南省登封县北，为五岳之中岳。

[4] 野服：村野平民服装。

[5] 仪止：仪表举止。

[6] 比：近来。

[7] 烟霞痼癖，泉石膏肓：酷爱山水泉石成癖，如病入膏肓。膏肓，古代医学以心尖脂肪为膏，心脏与膈膜之间为肓，用以称病之难治者。

孔林楷杖　禹穴梅梁

曲阜孔林[1]有子贡[2]手植楷[3]，根本[4]犹存，芟[5]其嫩枝可以为杖。

会稽[6]禹庙[7]有梅梁[8]，雷雨之夜，其梁飞出，五鼓[9]复还，视梁多带藻荇。后为梅太守易去。

【注释】

[1] 孔林：孔子及其后裔的墓园。在山东曲阜市城北门外。

[2] 子贡：见41页。

[3] 楷：落叶乔木，木材可制器具。

[4] 根本：植物的根干。

[5] 芟：割。

[6] 会稽：山名。在浙江省绍兴县东南。亦指会稽郡，即绍兴。

[7] 禹庙：大禹的庙。

[8] 梅梁：禹庙的大梁。钱泳《履园丛话·考索·梅梁》："禹庙梅梁，为词林典故，由来久矣。余甚疑之，意以为梅树屈曲，岂能为

栋梁乎……偶阅《说文》'梅'字注曰：'楠也，莫杯切。'乃知此梁是楠木也。"

[9] 五鼓：五更。

八　庚

赵胜谢躄　楚庄绝缨

平原君[1]客有躄[2]者，美人楼上见而大笑，躄者造门[3]请斩笑者。平原君不忍，众客以君爱色贱客，群然皆散。平原君乃斩美人，造躄者之门而谢[4]之，客乃复至。

楚庄王[5]夜与诸臣宴饮，烛灭，有客引[6]美人衣。美人告王："有人戏妾，已绝其缨[7]。"王令群臣俱绝其缨，然后举烛[8]。后王与晋人战，晋人围王数重，一人当锋[9]，晋军大败。王问之，乃是夜绝缨者，捐生以报[10]也。

【注释】

[1] 平原君：赵胜，战国赵武灵王子，封于平原，故号平原君。"战国四公子"之一。

[2] 躄：跛脚。

[3] 造门：登门拜访。

[4] 谢：道歉。

[5] 楚庄王：熊氏，名旅，楚穆王之子，春秋时期楚国国君，春秋五霸之一。

[6] 引：拉。

[7] 绝其缨：扯断结冠的带。

[8]举烛：点起烛火。

[9]当锋：抵御锋芒。

[10]捐生以报：牺牲生命来报答。

缪贤伏斧　廉颇负荆

缪贤[1]得罪赵王，欲亡[2]走燕。蔺相如[3]止之曰："赵强燕弱，势必不敢留君，而束君归赵矣。不如肉袒伏斧质[4]，请罪于王，或可望赦。"贤从其言，卒得免死。

廉颇[5]欲辱相如[6]，相如引车避匿，舍人[7]耻之，相如曰："夫以秦王之威，吾犹庭叱[8]之，岂畏廉将军哉？顾吾念秦之不敢加兵于赵，以吾两人在也。今两虎共斗，势不俱生，吾所以避之者，先国家之急而后私仇也。"颇闻之，肉袒负荆[9]，至门谢罪。

【注释】

[1]缪贤：战国时期赵国宦者令，向赵惠文王举荐了门客蔺相如。

[2]亡：逃跑。

[3]蔺相如：战国时赵国上卿，赵国著名的政治家、外交家。

[4]肉袒伏斧质：解衣露体伏在刑具上。质，通锧，垫在下面的砧板。

[5]廉颇：见67页。

[6]相如：即蔺相如，曾多次面折秦王。

[7]舍人：战国王公贵人私门之官。

[8]庭叱：当庭呵斥。

[9]负荆：背负荆条，谓愿受杖。后为向人赔礼道歉之典。

班超笔耒 贾逵舌耕

班超[1]与母同至洛阳,家贫,常为官佣书[2],以供养。久劳苦辍业[3],投笔叹曰:"大丈夫无他志略,犹当效傅介子[4]、张骞,立功异域,以取封侯,安能久事笔研[5]间乎?"

汉贾逵[6]通经术,门徒来学,不远千里,献粟盈仓。或云:"逵非力耕,乃舌耕[7]也。"

【注释】

[1]班超:字仲升,扶风平陵人。东汉军事家、外交家。

[2]佣书:受雇为人抄书。亦泛指为人做笔札工作。

[3]辍业:停止劳作。

[4]傅介子:北地郡人。西汉时期大臣、外交家。

[5]笔研:即笔和砚。

[6]贾逵:字景伯,扶风平陵人。为东汉著名学者,兼通诸经。

[7]舌耕:以授徒讲学谋生。

仲山补衮 傅说调羹

《诗经·烝民》之诗曰:"人亦有言,德輶如毛[1]。民鲜克[2]举之,我仪图[3]之。维仲山甫[4]举之,爱莫助之。衮职有阙[5],维[6]仲山甫补之。"

《书经[7]·说命》曰:"王梦帝赉[8]以良弼[9],乃审厥[10]象,俾以形旁求[11]于天下。说筑傅岩[12]之野惟肖,爰立作相,置诸其左右,命之曰:'朝夕纳诲[13],以辅台[14]德。若作酒醴,汝惟曲糵[15]。若作和羹,尔惟盐梅[16]。'"

【注释】

[1] 德輶如毛：德轻得像羽毛一样。谓施行仁德并不困难，而在于其志向有否。

[2] 鲜克：很少能够

[3] 仪图：揣度。

[4] 仲山甫：西周人。周宣王之大臣。辅佐宣王，尹吉甫尝作《烝民》之诗以称扬其德。

[5] 衮职有阙：帝王有过错。衮职，古代指帝王的职事，亦借指帝王。阙，缺也。

[6] 维：只有。

[7] 书经：即《尚书》。

[8] 赉：赐。

[9] 良弼：良佐。

[10] 厥：他的。

[11] 旁求：广泛搜求。

[12] 傅岩：古地名。相传商代贤士傅说为奴隶时版筑于此，故称。

[13] 纳诲：进献善言。

[14] 台：我。

[15] 曲糵：制酒的酒曲。

[16] 盐梅：盐和梅子。盐味咸，梅味酸，均为调味所需。和曲糵一样，都喻指国家所需的贤才。

韩蕲[1]铁缏　淮阴木罂

兀朮[2]军江南，韩世忠以海舰进驻金山寺[3]，预以铁缏[4]贯大钩授骁勇者。明旦，敌舟噪而前，世忠分海舟为两道，出其背，每缝[5]一缏则曳一舟沉之，兀术穷蹙[6]。

汉王[7]使韩信[8]击魏，魏盛兵[9]蒲阪[10]，塞临晋[11]。信乃益为疑兵[12]，陈船欲渡临晋，而伏兵从夏阳[13]以木罂[14]渡军，袭安邑[15]，遂虏魏王豹[16]，定河东[17]。

【注释】

[1] 韩蕲：指韩世忠，字良臣，延安人，南宋名将。宋孝宗时追封蕲王，谥忠武。

[2] 兀术：即完颜宗弼，金太祖完颜阿骨打第四子，金朝名将、开国功臣。

[3] 金山寺：江苏省镇江市西北金山上，东晋时创建。

[4] 铁绠：铁索，铁链。

[5] 缒：悬挂。

[6] 穷蹙：困厄。

[7] 汉王：刘邦。

[8] 韩信：淮阴人，西汉开国功臣。

[9] 盛兵：结集重兵。

[10] 蒲阪：古地名，舜的治所城及地域的称谓，即今山西省永济市，后为战国时魏国的关隘。

[11] 临晋：为关中平原东部重镇。

[12] 疑兵：虚张声势以迷惑敌人的军阵。

[13] 夏阳：在同州北渭城界，同州即今大荔县。

[14] 木罂：木制的容器。

[15] 安邑：古代都邑名，在今山西夏县，战国时期魏国早期都城。

[16] 魏王豹：魏豹，姬姓，魏氏，河东安邑人，秦末汉初时期群雄。

[17]河东：黄河流经山西省境，自北而南，故称山西省境内黄河以东的地区为"河东"。

召赋雷版　收书电丁

李贺[1]一日忽见绯衣[2]人，驾赤虬，持一版，上作雷篆[3]书，云："上帝成白玉楼[4]，召君作记。"贺告以母老且病，不愿去。绯衣人曰："天上殊乐，不苦也。"贺泣下沾襟，遂卒。

唐台州[5]道士王远知[6]善《易》，作《易总》十五卷。一日雷雨云雾中一老人叱曰："所泄书何在？帝令六丁[7]雷电摄取之。"远知忙出其书付之，即去。

【注释】

[1] 李贺：字长吉，河南福昌人。中唐著名诗人，有"诗鬼"之称。

[2] 绯衣：红衣。

[3] 雷篆：雷纹形状的纹路。

[4] 白玉楼：后以为文人逝世的典故。

[5] 台州：即今浙江省台州市。

[6] 王远知：字德广，琅琊临沂人。唐朝道教上清派茅山宗道士。

[7] 六丁：道教认为六丁（丁卯、丁巳、丁未、丁酉、丁亥、丁丑）为阴神，为天帝所役使；道士则可用符箓召请，以供驱使，可以厉行风雷，制伏鬼神。

九　青

孙康映雪　车胤囊萤

晋孙康[1]性嗜学，家贫无油，冬夜尝映雪[2]读书。少清介[3]，交游不杂。后官至御史大夫。

晋车胤[4]少时笃学不倦，家贫不能常得油，夏月以练囊[5]盛数千萤火，夜以照读。及长，大有声誉。太元[6]中领国子博士[7]，迁吏部尚书[8]。

【注释】

[1]孙康：晋代京兆人，孙秉之子，东晋长沙相孙放之孙。

[2]映雪：利用雪的反光读书。

[3]清介：清正耿直。

[4]车胤：东晋南平郡江安县西辛里人，东晋大臣。

[5]练囊：绢袋。

[6]太元：东晋皇帝晋孝武帝司马曜的第二个年号。

[7]国子博士：在国子学中分管教学的官员。

[8]吏部尚书：官名，主要负责低级官员的选拔。

东坡菊水　右军兰亭

苏东坡[1]记南阳有菊水[2]，水甘而芳，民居三十馀家，溪中多枸杞，根如龙蛇，饮其水，故寿多至百二三十岁。

王右军于永和癸丑[3]兰亭[4]修禊[5]，与会者四十一人，不成诗者一十六人，罚依金谷酒数[6]。

【注释】

[1] 苏东坡：苏轼，字子瞻，又字和仲，号东坡居士。

[2] 菊水：水名。在今河南省南阳市，传说饮其水可长寿。盛弘之《荆州记》："菊水出穰县。芳菊被涯，水极甘香。谷中皆饮此水，上寿百二十。"

[3] 永和癸丑：公元353年。

[4] 兰亭：亭名。在浙江省绍兴市西南之兰渚山上。

[5] 修禊：古代民俗于农历三月上旬的巳日（后固定为三月初三）到水边嬉戏，以祓除不祥，称为修禊。

[6] 金谷酒数：石崇《金谷诗序》："遂各赋诗，以叙中怀，或不能者，罚酒三斗。"后以"金谷酒数"泛指宴会上罚酒三杯的常例。

谷永笔札　顾恺丹青

前汉谷永[1]字子云，娄护[2]字君卿，俱为王俟[3]上客，长安号曰"谷永笔札，君卿喉舌"。

晋顾恺之[4]，字长康。人称三绝：才绝、字绝、画绝。

【注释】

[1] 谷永：字子云，西汉京兆长安人，博学经书，尤精天官。

[2] 娄护：字君卿，齐人，曾任京兆吏，为人短小精辩。与谷永俱为五侯上客。

[3] 王俟：疑为"五侯"，指汉成帝的舅舅平阿侯王谭、成都侯王商、红阳侯王立、曲阳侯王根、高平侯王逢时。

[4] 顾恺之：东晋画家，晋陵无锡人，字长康，小字虎头。

杜林漆书　鲁恭壁经

杜林[1]于西州[2]得漆书[3]《古文尚书》[4]一卷，卫宏[5]、徐巡[6]来学，林授二子，后遂得传。

鲁恭王[7]坏孔子故宅，欲以为宫。闻壁中琴瑟丝竹[8]之声，得四书五经[9]，武帝[10]乃诏孔安国[11]校定其书。

【注释】

[1]杜林：东汉扶风茂陵人，字伯山。博洽多闻，时称通儒。

[2]西州：陕西地区。

[3]漆书：用漆书写的竹木简。

[4]古文尚书：用秦以前的古文字书写的《尚书》，发现后于东汉时颇为流行，后失传。

[5]卫宏：东汉东海人，字敬仲，作《古文尚书训旨》。

[6]徐巡：东汉济南人，师事卫宏。

[7]鲁恭王：刘馀，西汉宗室，汉景帝第五子。

[8]丝竹：弦乐器与竹管乐器之总称。

[9]四书五经：此指孔壁中发现的古文经籍。四书是指《大学》《中庸》《论语》《孟子》，五经是指《周易》《尚书》《诗经》《礼记》《春秋》。按，此时四书之说尚未成型。

[10]武帝：汉武帝刘彻。

[11]孔安国：西汉大儒，鲁人，字子国，孔子后裔。曾受《诗》于申公，受《尚书》于伏生。武帝末，鲁恭王坏孔府旧宅，于壁中得《古文尚书》《礼记》《论语》《孝经》，皆蝌蚪文字，时人不识，安国以今文读之，又奉诏作书传，定为五十八篇，谓之《古文尚书》，又著《古文孝经传》《论语训解》。

金马仙吏　严滩客星

东方朔[1]善诙谐滑稽[2],上书武帝,高自称誉。帝伟之,令待诏公车[3]。旋迁金马门[4],常侍中[5]。帝降西王母[6],朔窥之。母曰:"此窥牖[7]小儿,三偷吾桃矣。"世方知朔为神仙中人。

严光[8]与光武[9]同学。光武贵,光隐身[10]不见。帝访之。后齐国奏有男子披羊裘钓泽中,帝疑是光,安车[11]迎之。诏入内叙旧,夜与共卧,以足加帝腹。明日太史奏客星[12]犯帝座[13]甚急,帝笑曰:"朕与故人子陵共卧耳。"

【注释】

[1] 东方朔:字曼倩,平原郡厌次县人,西汉著名文学家。

[2] 滑稽:谓能言善辩,言辞流利。

[3] 待诏公车:指在公车或官署准备听从皇帝的召唤。

[4] 金马门:汉代宫门名。学士待诏之处。

[5] 侍中:东方朔曾任常侍郎,时时侍从皇帝左右。

[6] 西王母:中国神话传说中掌管不死药、罚恶、预警灾厉的女神。

[7] 窥牖:偷看窗户。

[8] 严光:字子陵,东汉著名高士,会稽余姚人。

[9] 光武:汉光武帝刘秀。

[10] 隐身:隐居。

[11] 安车:古代可以坐乘的小车。

[12] 客星:天空中新出现的星星,居无定所如客,故曰客星。

[13] 帝座:古星名,属天市垣,是皇帝的象征。

温姑玉镜　岳女银瓶

温峤[1]姑有女，属峤觅婿。峤自有婚意，曰："但得如峤比，何如？"姑曰："何敢希汝比也。"一日覆姑曰："已得婿矣。"乃下玉镜台[2]为聘。婚毕，姑女被纱扇笑曰："我固疑是老奴[3]。"

秦桧[4]杀岳飞[5]于大理狱[6]，飞女抱银瓶[7]投井中。今其故宅改作臬司[8]，明廉访[9]梁大用[10]造亭覆之，榜[11]曰"孝娥[12]井"。

【注释】

[1]温峤：见45页。

[2]玉镜台：玉制的镜台，温峤北征刘聪所得。后作为聘礼的代称。

[3]老奴：为轻诋笑骂之词。

[4]秦桧：宋江宁人，字会之，主和派的代表人物。

[5]岳飞：字鹏举，宋相州汤阴县人，抗金名将。

[6]大理狱：大理寺监狱。大理寺，掌管刑狱的官署。

[7]银瓶：此后便成为岳飞幼女的代称。

[8]臬司：元代肃政廉访使司、明清提刑按察使司的办公场所。其主管一省司法，也称廉访使或按察使。

[9]廉访：即按察使，负责考核各地吏治。

[10]梁大用：明代南京金吾右卫人，字大用，号俭庵，治政勤敏。

[11]榜：题署。

[12]孝娥：即孝女之意。

十 蒸

孟宗泣竹　王祥卧冰

晋孟宗[1]孝。母冬月[2]有疾，思笋煮羹。宗无计可得，乃往竹林中抱竹而泣，孝感天地，须臾地裂出笋数茎，持归作羹，奉母食毕，疾愈。

晋王祥[3]幼丧母，继母不慈，父前屡谮之，由是失爱于父母。尝欲食鲤鱼，时天寒冰冻，祥解衣卧冰求之，冰忽自解，双鲤跃出，持归供母。

【注释】

[1]孟宗：三国吴江夏人，字恭武，事母至孝。

[2]冬月：冬天。

[3]王祥：字休徵。琅琊临沂人。三国曹魏及西晋时大臣。

巧匠斲鼻　良医折肱

郢[1]人垩[2]漫其鼻端若蝇翼，使匠石[3]斲[4]之。匠石运斤成风[5]，尽其垩而鼻不伤。

《左传·定公十三年》：荀跞[6]、韩不信[7]、魏曼多[8]奉公[9]以伐范氏[10]、中行氏[11]，弗克。二子将伐公，齐高彊[12]曰："三折肱[13]知为良医，唯伐君为不可，民弗与也。"弗听，遂伐公。国人助公，二子败，奔朝歌。

【注释】

[1]郢：古地名。春秋时，楚文王建都于郢，故址在今湖北荆州西北纪南城。楚国都城屡有迁徙，凡迁至之地均称郢。

[2] 垩：一种白色土。

[3] 匠石：名石的匠人。

[4] 斲：削。

[5] 运斤成风：谓挥斧成风声，形容技术的高妙。斤，斧子一类的工具。

[6] 荀跞：姬姓，智氏，名跞，谥"文"。春秋后期晋国六卿，智氏之主，荀盈嫡长子。

[7] 韩不信：韩简子，名不信，是中国春秋时期晋国韩氏的领袖。

[8] 魏曼多：魏襄子，名叫魏侈，又名魏曼多、魏哆，是战国时期晋国附属国魏国的君主。

[9] 奉公：为晋定公效力。

[10] 范氏：是东周时期晋国六卿之一，引发了晋国内乱。

[11] 中行氏：是东周时期晋国六卿之一。中行氏和范氏相睦，结为姻亲。

[12] 齐高彊：晋国大臣。

[13] 三折肱：多次折断胳膊，意为屡遭磨难。

宁成乳虎　郅都苍鹰

宁成[1]为汉中[2]尉，性严酷，时人语之曰："宁见乳虎[3]，无犯宁成之怒。"

前汉郅都[4]以清忠为政，好直谏，常面折[5]大臣于朝，时人目为苍鹰。

【注释】

[1] 宁成：西汉酷吏，南阳穰人。

[2] 汉中：古郡名，在今陕西汉中东。

[3] 乳虎：育子的母虎。

[4]郅都：西汉时期河东郡杨县人，执法严酷，不避权贵。

[5]面折：当面批评、指责。

孔林白兔　虞墓青蝇

孔子卒，戒门人作虚墓[1]十间。及始皇发墓，至十间，有白兔走出，逐之，过曲阜[2]十八里，没，掘之不得，因名白兔沟。

虞翻[3]放弃[4]海南[5]，自恨疏节[6]，骨体不媚[7]，犯上获罪，当长没海隅，生无可与语，死以青蝇[8]为吊客，一人知己者，足以不恨[9]。

【注释】

[1]虚墓：空的坟墓。

[2]曲阜：市名，在山东省中部偏南。

[3]虞翻：三国吴会稽余姚人，字仲翔。

[4]放弃：流放。

[5]海南：泛指南部滨海地区。

[6]疏节：孤高的节操。

[7]不媚：不谄媚。

[8]青蝇：苍蝇，后以"青蝇"为生罕知己、死无吊客之典。

[9]不恨：不遗憾。

雾辨獐鹿　羽别淄渑

王雾[1]数岁时，客有以一獐一鹿同樊[2]以献，问雾："何者是獐[3]，何者是鹿？"雾实不识，对曰："獐边的是鹿，鹿边的是獐。"客叹其明敏[4]。

陆羽[5]精于茶理，啜茶即知是何地之水。有以淄、渑[6]二水试之者，羽为辨别，涓滴[7]不能少溷[8]。

【注释】

[1]王雱：北宋抚州临川人，字元泽，王安石子。

[2]同槛：同一笼子。

[3]獐：野兽名。像鹿，比鹿小，头上无角，有长牙露出嘴外。

[4]明敏：聪明机敏。

[5]陆羽：字鸿渐、季疵，号竟陵子、桑苎翁、东岗子，唐朝复州竟陵人，被尊为"茶圣"。

[6]淄、渑：淄水和渑水的并称。皆在今山东省。相传二水味各不同，混合之则难以辨别。

[7]涓滴：一点一滴。

[8]不能少溷：没有丝毫混杂。

尧夫烟帐　祖莹篝灯

范纯仁[1]，字尧夫。幼好读书，置灯帐中，夜分[2]不寐。后贵显，夫人收其帐，顶如墨色，持示诸子曰："此汝父少时攻苦，帐中灯烟迹也。"

祖莹[3]年八岁，力学成疾。父母禁其夜读，莹乃密藏火，待父母就寝之后，燃灯以衣被蒙窗，不使人见也。内外呼为圣小儿[4]。

【注释】

[1]范纯仁：北宋大臣，人称"布衣宰相"。字尧夫，谥忠宣，吴县人，范仲淹次子。

[2]夜分：夜半。

[3]祖莹：字元珍，范阳遒县人。北魏大臣，著名文学家。

[4]圣小儿：犹神童。

十一 尤

伏羲八卦　洪范[1]九畴[2]

伏羲[3]时有龙马负图[4]出于河，帝仰观象于天，俯观法于地，中观万物之情，始画八卦[5]，因而重之为六十四卦，以通神明之德，而卜筮[6]自此始焉。

大禹治水，神龟负书[7]出洛，禹因别为九畴。箕子[8]推衍增益，以成其篇。

【注释】

[1]洪范：指治理国家的根本大法。

[2]九畴：畴，类。指传说中天帝赐给禹治理天下的九类大法，即《洛书》。《尚书·洪范》："天乃锡禹洪范九畴，彝伦攸叙。初一曰五行，次二曰敬用五事，次三曰农用八政，次四曰协用五纪，次五曰建用皇极，次六曰乂用三德，次七曰明用稽疑，次八曰念用庶徵，次九曰向用五福、威用六极。"

[3]伏羲：古代传说中的三皇之一。

[4]龙马负图：龙马，龙头马身的神兽。负图，背着河图。

[5]八卦：《周易》中的八种具有象征意义的基本图形，每个图形用三个分别代表阳的"——"（阳爻）和代表阴的"— —"（阴爻）组成。

[6]卜筮：古时预测吉凶，用龟甲称卜，用蓍草称筮，合称卜筮。

[7]神龟负书：神龟背着洛书。

[8]箕子：名胥余，商代贵族，封于箕，建立箕氏侯国。

温公破瓮　彦博出毬

司马温公[1]幼与群儿戏，一儿误堕大水缸中，水没其顶。群儿惊走，公取石破缸，儿遂得出。

文彦博[2]幼时与群儿击毬[3]，毬入柱穴中，不能取。公以水灌之，毬得浮出。

【注释】

[1] 司马温公：即司马光，北宋政治家、史学家、文学家，字君实，号迂叟，陕州夏县涑水乡人，世称涑水先生。卒赠太师、温国公，谥文正。

[2] 文彦博：字宽夫，号伊叟，汾州介休人。北宋时期政治家、书法家。

[3] 击毬：我国古代一种在马上打球的运动。毬，即鞠丸、皮丸，古代充填毛的皮球。

泰初日月　季野春秋

魏夏侯玄[1]，字泰初，时人云："朗朗如日月入怀。"

晋褚裒[2]字季野，桓彝[3]目之曰："季野有皮里春秋[4]。"谢东山[5]重之，尝云："裒虽不言，而四时之气[6]皆备。"

【注释】

[1] 夏侯玄：三国时期曹魏玄学家、文学家、官员。博学多识，才华出众，尤其精通玄学，被誉为"四聪"之一。

[2] 褚裒：字季野，河南阳翟人，东晋大臣。

[3] 桓彝：字茂伦，谯国龙亢人。

[4] 皮里春秋：指藏在心里不说出来的评论。《春秋》，相传孔子所修，意含褒贬，借指评论。

[5] 谢东山：即谢安，字安石，陈郡阳夏人，东晋政治家、名士。曾隐居东山，故称。

[6] 四时之气："备四时之气"喻指人的气度弘远。

谢舞鸲鹆　苏辩鸤鸠

晋谢尚[1]，王戎[2]辟[3]为吏。始到府，会饮，有客请曰："闻君能作鸲鹆舞[4]。"尚便著短裳而舞，座客抚掌击节[5]。

王安石[6]作《字说》，问坡公[7]"鸠"字九鸟何解，坡公戏曰："《毛诗》[8]云'鸤鸠[9]在桑，其子七兮'，连爹和娘，不是九个？"

【注释】

[1] 谢尚：东晋陈郡阳夏人，字仁祖。谢鲲子，博综众艺。

[2] 王戎：应为王导。《晋书·谢尚传》："司徒王导深器之，比之王戎，常呼为'小安丰'，辟为掾。"

[3] 辟：征召来授予官职。

[4] 鸲鹆舞：乐舞名。鸲鹆，鸟名，俗称八哥。

[5] 抚掌击节：鼓掌打拍子，形容十分赞赏。

[6] 王安石：字介甫，号半山，临川人，北宋著名思想家、政治家、文学家。《宋史·王安石传》："作《字说》，多穿凿附会。"

[7] 坡公：指北宋文学家苏轼，号东坡居士，故称。

[8] 毛诗：即今本《诗经》。相传为汉初学者毛亨和毛苌所传。

[9] 鸤鸠：即布谷鸟。

陈登百尺　韩洎五楼

汉陈登[1]，字元龙。许汜[2]尝与刘玄德[3]共论人物。汜言："陈元龙湖海之士[4]，豪气不除。昔过叩见，元龙无主客礼，自卧床上，卧客床下。"玄德曰："君有国士[5]名，而求田问舍[6]，言无可采，是元龙所讳[7]也。如我自当卧百尺楼[8]上，卧君于地下，何但上下床之间哉？"

韩浦[9]与弟洎皆有文名。洎尝曰："予兄文如绳枢草舍[10]，予文是造五凤楼手。"浦以蜀笺[11]四十样寄弟曰："助尔添修五凤楼[12]。"

【注释】

[1]陈登：字元龙，下邳淮浦人。少时有扶世济民之志，博览群书，学识渊博。

[2]许汜：襄阳人，东汉末年名士，有国士之名。

[3]刘玄德：刘备，字玄德。

[4]湖海之士：具有豪侠气概的人。

[5]国士：一国中才能最优秀的人物。

[6]求田问舍：谓专营家产而无远大志向。

[7]讳：忌讳。

[8]百尺楼：泛指高楼。

[9]韩浦：宋京兆长安人。后周恭帝显德初进士。宋太祖开宝三年，召为监察御史，累迁司门郎中。博学善论，熟习台阁故事及唐代氏族，时号"近世肉谱"。尤善笔札，人多藏其尺牍。其弟韩洎，进士，与兄俱有文名。

[10]绳枢草舍：形容贫家房舍之陋，以茅草堆成的房舍，以绳系户

枢。枢，门户的转轴。

[11] 蜀笺：自唐以来蜀地所制精致华美的纸的统称。

[12] 五凤楼：古楼名。唐在洛阳建五凤楼，玄宗曾在其下聚饮，命三百里内县令、刺史带声乐参加。梁太祖朱温即位，重建五凤楼，去地百丈，高入半空，上有五凤翘翼。见《新唐书·元德秀传》、宋周翰《五凤楼赋》。后喻文章巨匠为造五凤楼手。

匡庐[1]白鹿　函谷青牛

庐山有二胜：开元漱玉亭[2]、栖贤三峡桥[3]，内有白鹿洞[4]，为朱晦翁[5]读书处。今另设学校以教育人才。

老子[6]骑青牛过函谷关，以《道德经》[7]五千言传与关尹[8]。

【注释】

[1] 匡庐：指江西的庐山。相传殷周之际有匡俗兄弟七人结庐于此，故称。

[2] 开元漱玉亭：景点名。应作"开先漱玉亭"。

[3] 栖贤三峡桥：景点名。与"开先漱玉亭"并称庐山二胜，苏轼均有诗咏。

[4] 白鹿洞：位于江西省九江市庐山五老峰南麓，唐贞元中李渤与兄涉隐居读书于此，畜一白鹿，因名。宋初建有白鹿洞书院，曾是朱熹读书之所。

[5] 朱晦翁：朱熹，字元晦，故称晦翁。南宋徽州婺源县人，理学家，程朱理学集大成者。

[6] 老子：字聃，一字伯阳，或曰谥伯阳，出生于周朝春秋末期楚国苦县。春秋时期思想家、哲学家，道家学派创始人。

[7] 道德经：春秋时期老子所著的哲学作品。

[8] 关尹：春秋末人。相传姓尹，名喜，字公度。为函谷关吏，故称关尹。后随老子西去，不知所终。

萧宏[1]标榜[2] 王戎散筹

梁武帝[3]弟萧宏性爱钱，百万一聚，黄榜标之，千万一库，挂一紫标，如此十馀间，计钱三亿馀万。萧综[4]作《钱愚论》讥之。

王戎[5]既贵且富，区宅、僮牧[6]、膏田[7]、水碓[8]之属洛下[9]无比，契疏鞅掌[10]，每与夫人灯下散筹[11]布算。

【注释】

[1] 萧宏：字宣达，南兰陵人。南朝梁宗室大臣。容止可观，而性格贪鄙。

[2] 标榜：上面题写文字作为标志的木牌。

[3] 梁武帝：即萧衍。南朝梁开国君主，南兰陵人，字叔达。

[4] 萧综：字世谦，梁武帝次子。《钱愚论》今不传。

[5] 王戎：西晋琅琊临沂人，字濬冲。王浑子。竹林七贤之一。善清言，不务政事，而性格贪吝。

[6] 僮牧：僮仆。

[7] 膏田：肥沃的田地。

[8] 水碓：利用水力舂米的器械。

[9] 洛下：洛阳城。

[10] 契疏鞅掌：契据众多。

[11] 散筹：谓排列筹码以计数。

景升豚犬　石虎海鸥

曹操进军濡须口[1]，号四十万。孙权[2]率众七万御之。相守月馀，操见其舟楫器仗[3]，军伍整齐，叹曰："生子当如孙仲谋。如刘景升[4]儿子，豚犬[5]耳。"操撤军还。

佛图澄[6]依石勒[7]、石虎[8]，号大和尚，以麻油[9]涂掌而见吉凶数百里外，听浮屠[10]铃声逆知祸福。虎即位，师事之。林公[11]曰："澄以石虎为海鸥[12]鸟。"

【注释】

[1]濡须口：在今天的安徽省无为县北。古代当江淮间交通要道，魏晋南北朝时为南北对峙的必争之地。东汉末年，孙权于濡须口筑坞以防备曹操。

[2]孙权：字仲谋，吴郡富春人，孙坚之子，孙策之弟，三国时代孙吴的建立者。

[3]器仗：武器总称。

[4]刘景升：刘表，字景升，山阳郡高平县人，西汉鲁恭王刘余之后，东汉末年名士、汉末群雄之一，任荆州牧。其子无能，举荆州而降曹操。

[5]豚犬：猪狗。后常借以鄙弃和讥讽后辈或继承人的愚蠢凡庸。

[6]佛图澄：西晋末后赵高僧，龟兹国人，深得石勒、石虎信任。

[7]石勒：字世龙，上党武乡羯胡族人，是后赵的开国君主。后赵，十六国时期羯族首领石勒建立的政权。

[8]石虎：字季龙，石勒堂侄，后赵君主。

[9]麻油：香油。

[10]浮屠：佛塔。

[11]林公：东晋高僧支遁，字道林。这里尊称为林公。

[12]海鸥：典出《庄子》："海上之人好鸥者，每旦之海上，从鸥游，鸥之至者数百而不止。其父曰：'吾闻鸥鸟从汝游，取来玩之。'明日之海上，鸥舞而不下。"海鸥为知人心之鸟，此指佛图澄为没有机心之人，故而石虎能信任他。

涤皿山谷　尝粪黔娄

黄庭坚[1]元祐[2]中为太史，身虽贵显，奉母至孝。每夕亲自为母涤溺皿[3]，不以为秽。

南齐庾黔娄[4]为孱陵[5]令，到县未旬日[6]，闻父病即弃官归。医曰："欲知瘥剧[7]，须尝粪甜苦。"黔娄尝之甜，心甚忧之，至夕必稽首北辰[8]，求以身代。父病得瘥。

【注释】

[1]黄庭坚：字鲁直，号山谷道人，晚号涪翁，洪州分宁人。北宋著名文学家、书法家，江西诗派开山之祖。

[2]元祐：宋哲宗赵煦的第一个年号。

[3]溺皿：盛小便的器物。

[4]庾黔娄：南朝梁新野人，字子贞，一字贞正。少好学，性至孝，多讲诵《孝经》。

[5]孱陵：古地名，属今湖北省公安县。

[6]旬日：十天。

[7]瘥剧：病的剧烈程度。

[8]北辰：北极星。

汉武金屋　隋炀玉钩

汉武帝幼时，景帝[1]问："儿欲得妇否？"长公主[2]指其女曰："阿娇[3]好否？"武帝曰："若得阿娇，当以金屋[4]贮之。"

玉钩斜[5]在吴公台[6]下，隋炀帝[7]葬宫人处也。唐窦巩[8]诗曰："离宫[9]路远北原斜，生死恩深不到家。云雨[10]今归何处去，黄鹂飞上野棠花。"

【注释】

[1] 景帝：汉景帝刘启。详见90页。

[2] 长公主：馆陶长公主刘嫖，汉景帝唯一的同母姐姐。

[3] 阿娇：汉武帝陈皇后小名。

[4] 金屋：华美之屋。

[5] 玉钩斜：古代著名游宴地。在今江苏省铜山县南，相传为隋炀帝葬宫人处。后泛指葬宫人处。宫人，指妃嫔、宫女。

[6] 吴公台：古台名，在今江苏扬州市北。原为南朝宋沈庆之攻竟陵王诞时所筑之弩台，后陈将吴明彻围攻北齐敬子猷，增筑以射城内，故名。

[7] 隋炀帝：杨广。

[8] 窦巩：字友封，平陵人，唐代诗人。

[9] 离宫：正宫之外供帝王出巡时居住的宫室。

[10] 云雨：此处"云雨"指宫人，化用了巫山云雨的典故，宋玉《高唐赋》："妾在巫山之阳，高丘之阻，旦为朝云，暮为行雨。"

淮阴背水　钜鹿沉舟

韩信[1]以背水[2]阵胜赵军，诸将问曰："兵法右倍[3]山陵，前左水泽，今反背水，何也？"信曰："兵法不曰'陷之死地而后生，置之亡地而后存'[4]乎？予驱市人[5]使战，予[6]之生地则皆走[7]矣，尚得而用之乎？"诸将皆服。

项羽钜鹿[8]之战，悉引兵渡河，皆沉舟破釜[9]甑，烧庐舍，持三日粮，以示士卒必死。于是出战，大败秦兵。

【注释】

[1]韩信：淮阴人，后封淮阴侯，故以此称之。淮阴，今江苏省淮安市。

[2]背水：背水列阵。后指死里求生。

[3]倍：背靠。

[4]陷之死地而后生，置之亡地而后存：《孙子兵法·九地》："投之亡地然后存，陷之死地然后生。"

[5]市人：城市平民。

[6]予：给。

[7]走：逃跑。

[8]钜鹿：秦代县名。项羽破秦军处，在今河北省巨鹿县北。

[9]沉舟破釜：釜，锅。打破饭锅，沉掉渡船。后用"沉舟破釜"表示决一死战。

十二　侵

薛收三凤　华陀五禽

薛收[1]与从兄元敬、族兄德音齐名，世称"河东三凤"。

华陀[2]尝曰："吾有神术，名曰五禽[3]之戏：一曰虎，二曰鹿，三曰熊，四曰猿，五曰鸟。能除疾去病，体有不快，起作一禽之戏，汗出即愈。"

【注释】

[1]薛收：唐蒲州汾阴人，字伯褒，薛道衡子。与从兄元敬、族兄德音皆善文学。《旧唐书》："收为长离，德音为鸑鷟，元敬以年最小为鹓雏。"长离、鸑鷟、鹓雏，皆凤鸟名。

[2]华陀：字元化，沛国谯县人，东汉末年著名的医学家。

[3]五禽：华陀首创的一种健身术。模仿五种禽兽的动作和姿态进行肢体活动。

怀橘陆绩　啮指曾参

后汉陆绩[1]年六岁，之九江[2]见袁术，术出橘啖之，绩怀橘[3]二枚，术曰："陆郎作客，而怀橘乎？"绩跪答曰："吾母所爱，欲归以遗母[4]耳。"术大奇之。

鲁参[5]事母至孝。尝采薪[6]山中，家有客至，望参不还，母乃啮其指。参忽心痛，负薪急归，跪问其故，母曰："有客至，吾啮指以悟[7]汝尔。"

【注释】

[1]陆绩：三国吴吴郡人，字公纪，博学多识。

[2]九江：今属江西省九江市。

[3]怀橘：怀揣橘子。后以"怀橘"为思亲、孝亲的典故。

[4]遗母：留给母亲。

[5]鲁参：即曾参，字子舆，春秋时鲁国南武城人。孔子弟子，儒家学派的重要代表人物。

[6]采薪：砍柴。

[7]悟：使明白。

子路负米　蔡顺分椹

子路[1]家贫，尝食藜藿[2]之食，为亲负米于百里之外。亲没，南游于楚，从车百乘[3]，积粟万钟[4]，累裀[5]而坐，列鼎[6]而食，乃叹曰："虽欲食藜藿，为亲负米，其可得乎？"

汉蔡顺[7]少孤[8]，事母至孝。遭王莽[9]乱，岁荒不给[10]，拾桑椹以异器[11]盛之。赤眉贼[12]见而问之，顺曰："黑者奉母，赤者自食。"贼悯其孝，以米三斗、牛蹄一只赠之。

【注释】

[1] 子路：仲由，字子路，又字季路，鲁国卞人，孔子弟子。曾随孔子周游列国，后任卫国大夫孔悝的蒲邑宰，以政事见称。

[2] 藜藿：藜和藿，野菜，泛指粗劣的饭菜。

[3] 从车百乘：扈从的车有上百辆。

[4] 积粟万钟：贮存起来的谷物有万钟。钟，容量单位，春秋时齐国公室的公量，合六斛四斗。

[5] 累裀：多重褥子。

[6] 列鼎：陈列置有盛馔的鼎器。喻指生活富贵，位居高官。

[7] 蔡顺：字君仲，东汉人，以至孝称。

[8] 少孤：从小丧父。

[9] 王莽：见32页。

[10] 岁荒不给：年成不佳，没有收成。

[11] 异器：不同的容器。

[12] 赤眉贼：指汉末以樊崇等为首的农民起义军。因以赤色涂眉为标志，故称。

郝廉留钱　雷义还金

汉郝廉[1]一介不取[2],过妹家款待,留钱席下而去。每行饮水,常投一钱于井中。

雷义[3]为郡守,常出人死罪[4]。罪人以金三斤谢之,不受,乃掷金于屋上而去。后理屋乃得之,送还,金主已死,还其子嗣。

【注释】

[1] 郝廉:西汉太原人,性廉洁。

[2] 一介不取:分毫不取。

[3] 雷义:字仲公,豫章鄱阳人。初为郡功曹,后举孝廉,为人谦让。

[4] 出人死罪:救人于死罪之中。

老聃[1]问礼　师襄学琴

孔子问礼于老子,老子曰:"吾闻之良贾[2]深藏若虚,君子盛德,容貌若愚。去子之骄气与多欲,态色与淫志,是皆无益于子之身。吾所以告子,若是而已。"

孔子学琴于师襄[3],既习其曲,又习其数[4],又得其为人,黯然[5]而黑,颀然[6]而长,眼如望洋[7],心如欲王四国[8],非文王,其谁能为此也?师襄辟席[9]再拜,曰:"师盖云《文王操》[10]也。"

【注释】

[1] 老聃:老子。

[2] 良贾:好的商人。

[3] 师襄:春秋卫国的乐官。

[4] 数:道理、含义。

[5] 黧然：面部黝黑。

[6] 颀然：身高修长。

[7] 望洋：远视貌。

[8] 欲王四国：想要称王于四方。

[9] 辟席：避席，离开座位。表示尊敬。

[10] 文王操：乐府琴曲名。传为周文王所作。

王蒙水厄　刘峻书淫

王蒙[1]嗜茶，宾至辄煮茗饮之，劝酬[2]不已。士大夫皆患焉，每欲往候，必曰："今日有水厄[3]。"

刘峻[4]家贫好学，常燎麻炬[5]，从夕达晓，时或昏睡，爇[6]其鬓发。及觉，复读。常恐所见不博，闻有异书[7]，必往祈借。崔慰谓之"书淫"[8]。

【注释】

[1]王蒙：当作"王濛"，东晋太原晋阳人，字仲祖。好饮茶，官至司徒长史。

[2]劝酬：劝饮。

[3]水厄：三国魏晋以后，渐行饮茶，其初不习饮者，戏称为"水厄"。

[4]刘峻：南朝梁学者，文学家，字孝标，本名法武，平原人。以注释《世说新语》著闻于世。

[5]麻炬：用麻秆作的火把。

[6]爇：烧。

[7]异书：珍贵罕见的书籍。

[8]书淫：旧时称嗜书成癖，好学不倦的人。

十三 覃

神农[1]尝药　西陵教蚕

民有疾病，未知药石[2]。神农氏遍尝百草，一日而遇七十二毒，神而化之，乃作《本草》[3]，以著寒温平热[4]之性，使民知医。

轩辕黄帝命元妃[5]西陵氏[6]教民育蚕治丝，以供衣服，繇是[7]民无皴瘃[8]，后世祀为先蚕。

【注释】

[1] 神农：传说中的太古帝王名。始教民为耒耜，务农业，尝百草，故称神农氏。

[2] 药石：药剂和砭石。泛指药物。

[3] 本草：《神农本草经》，中医著作，相传起源于神农氏。

[4] 寒温平热：中医术语，指各种药性。

[5] 元妃：指国君的嫡妻。

[6] 西陵氏：或作累祖、傫祖。传说中黄帝元妃，西陵氏之女。相传发明养蚕缫丝。后奉为先蚕，即蚕神。

[7] 繇是：由是，从此。

[8] 皴瘃：皮肤冻裂。

尧夫赠麦　孔子脱骖

范尧夫[1]载麦五百斛[2]至姑苏[3]，舟次丹阳，见石曼卿[4]穷困，以麦舟赠之。见文正公曰："丹阳见故人石曼卿，三丧未举[5]，二女未嫁，以麦分与之，犹未敷[6]。"曰："何不连舟与之？"曰："与之矣。"

公曰："善。"

孔子遇旧馆人[7]之丧，入而哭之哀，出，使子贡脱骖[8]而赙[9]之。子贡曰："毋乃[10]已重乎？"子曰："予乡哭之而出涕，予恶夫涕之无从[11]也。小子[12]行之。"

【注释】

[1] 范尧夫：即北宋大臣范纯仁，苏州吴县人，字尧夫。范仲淹次子。

[2] 斛：古量器名，也是容量单位，十斗为一斛。

[3] 姑苏：苏州吴县的别称。因其地有姑苏山而得名。

[4] 石曼卿：北宋文人石延年，字曼卿。

[5] 举：办理、处措。

[6] 未敷：不够。

[7] 馆人：古代掌管馆舍的人。

[8] 脱骖：解下骖马，以助治丧之用。骖，驾车时在两边的马。

[9] 赙：拿钱财帮助别人办理丧事。

[10] 毋乃：岂非。

[11] 涕之无从：指只流泪而无实际表示。

[12] 小子：老师对学生的称呼。

逢萌挂冠　胡昭投簪

汉逢萌[1]往长安，闻王莽杀其子宇，萌叹曰："三纲[2]绝矣，不去[3]，祸将及身。"即挂冠[4]东都门[5]而去。

魏胡昭[6]高尚不仕，太祖[7]加礼聘之。昭往应命[8]，自陈不堪任用。放归陆浑山[9]，躬耕乐道。挚虞[10]赞曰："投簪卷带[11]，韬声匿迹[12]。"

【注释】

[1] 漠逢萌：应为汉逢萌。逢萌，东汉北海都昌人，字子康。通《春秋》，明阴阳，知王莽将败，因潜藏。

[2] 三纲：我国封建社会中谓君为臣纲、父为子纲、夫为妻纲，合称三纲。

[3] 不去：不离开。

[4] 挂冠：解下冠服挂起来。后以"挂冠"指辞官、弃官。

[5] 东都门：汉代长安城东门之一，即宣平门。

[6] 胡昭：字孔明，颍川人。中国三国时期隐士、书法家。

[7] 太祖：指曹操。

[8] 应命：应付命令。

[9] 陆浑山：山名。在河南洛阳。

[10] 挚虞：西晋京兆长安人，字仲洽。才学通博，著述不倦。

[11] 投簪卷带：丢下固冠用的簪子，卷起腰带。比喻弃官。

[12] 韫声匿迹：即销声匿迹。韫，藏。

殷师[1]牛斗　宋宗鸡谈

晋殷仲堪父师为陈郡[2]太守，常患耳聪[3]，闻床下蚁动，谓是牛斗。

宋处宗[4]买一鸡，忽作人语，与处宗谈论[5]终日不辍[6]。处宗因此学业大进。

【注释】

[1] 殷师：陈郡人，西晋太常，荆州刺史殷仲堪的父亲。

[2] 陈郡：地名，今河南周口市一带。

[3] 常患耳聪：经常苦于耳朵太灵敏。

[4] 宋处宗：宋岱，西晋沛国人，字处宗。

[5] 谈论：谈说议论。

[6] 终日不辍：整天不停止。

十四　盐

王曾正笏　韩琦撤帘

沂公王曾[1]性资端厚，正笏立朝，人不敢干[2]以私，进退壬人[3]，莫有知者。范仲淹尝谓曰："明扬士类[4]，宰相任也。公之盛德独少此耳。"曾曰："夫执政而欲使恩归于己，怨将谁归？"仲淹服其言。

韩琦[5]欲太后[6]还政[7]，乃取十馀事禀帝，裁决悉当。琦覆奏[8]，即白[9]后求去。后曰："相公[10]勿去，我当归宫。"太后遽起，琦即厉声命鸾仪司[11]撤帘，帘既落，犹于御屏后见太后衣也。

【注释】

[1] 王曾：北宋大臣。青州益都人，字孝先。曾多次拜相，封沂国公。

[2] 干：干谒，为谋求禄位而谒见。

[3] 壬人：奸人、佞人。指巧言谄媚、不行正道的人。

[4] 明扬士类：公开地选拔表扬士子。

[5] 韩琦：字稚圭，自号赣叟，相州安阳人，北宋政治家。

[6] 太后：慈圣太后曹氏，因宋英宗赵曙患病，暂时垂帘听政。

[7] 还政：归还政务。

[8] 覆奏：再度向上级禀奏。

[9] 白：表明。

[10] 相公：旧时对宰相的敬称。

[11] 鸾仪司：官署名。掌皇帝亲祠郊庙、出巡、宴享及宫廷供帐

祢衡胥靡　季布髡钳

祢衡既为鼓吏[1],不肯易衣,吏呵之曰:"鼓吏何独不易服?"衡于魏武前先脱裈[2],裸身而立,徐徐乃着岑牟[3],次着单绞[4],后乃着裈毕,复击鼓掺槌[5]而去。魏武曰:"本欲辱衡,衡反辱孤。"孔融[6]在座曰:"祢衡罪同胥靡[7],不能发明王之梦。"魏武惭而赦之。

季布[8],楚人,为项羽将,数窘[9]汉高。羽灭,汉以千金购[10]之。布乃髡钳[11],自卖鲁朱家[12]。家知其布也,之洛阳见滕公[13],为布解之,得释。

【注释】

[1]鼓吏:掌鼓的官吏。

[2]脱裈:脱裤子。

[3]岑牟:古代鼓角吏所戴的帽子。牟,通"鍪"。帽锐上,故称。

[4]单绞:暗黄色的薄衣。绞,苍黄之色。

[5]掺槌:犹掺挝,古代乐奏中的一种击鼓。

[6]孔融:孔融,字文举,鲁国人,东汉末年文学家。

[7]胥靡:古代服劳役的奴隶或刑徒。《史记·殷本纪》:"武丁夜梦得圣人,名曰说……于是乃使百工营求之野,得说于傅险中。是时说为胥靡,筑于傅险……举以为相,殷国大治。"孔融这里以祢衡比作傅说,讽刺曹操不能像武丁那样知人善用。

[8]季布:西汉楚人。以任侠名,初为项羽将领,后为刘邦所赦,拜为郎中。

[9]窘:使之陷入困境。

[10]购:悬赏。

[11]髡钳:古代刑罚。谓剃去头发,用铁圈束颈。

[12]朱家：汉初鲁地侠士。

[13]滕公：夏侯婴，西汉沛人，西汉开国功臣。曾为滕令奉车，故号滕公。

十五　咸

孙权驰马　曹洪惊帆

孙权[1]所制快船，名以驰马[2]，曹洪[3]所畜骏马名以惊帆[4]，水陆变名，皆言其雄快也。

【注释】

[1]孙权：见134页。

[2]驰马：孙权所造小船。

[3]曹洪：三国魏沛国谯人，字子廉，曹魏将领。

[4]惊帆：骏马名，或谓为曹真之马。崔豹《古今注·杂记》："惊帆。曹真有駃马，名为惊帆，言其驰骤如烈风之举帆疾也。"曹真，字子丹，沛国谯县人，魏武帝曹操族子，三国时期曹魏名将。

卫公[1]红拂　司马青衫

李靖谒杨越公[2]，一妓执红拂[3]侍侧，目靖久之。靖归逆邸[4]中，夜半有紫衣戴帽人扣门，延入[5]，脱衣去帽，乃美人也。靖惊问，告曰："妾杨家红拂妓也。丝萝愿托乔木[6]。"遂与之俱适[7]太原。

白居易[8]左迁[9]江州[10]，秋夜于浔阳[11]江浒[12]闻舟中琵琶声，问其人，乃长安娼妓，年老色衰，委身为贾人[13]妇。命再弹一曲，为作《琵琶行》[14]。元剧有《江州司马青衫泪》。

【注释】

[1] 卫公：李靖，本名药师，雍州三原（今陕西三原）人，唐初名将，封卫国公。

[2] 杨越公：隋朝权臣杨素，字处道。弘农郡华阴县人。曾以行军元帅身份率水军东下攻灭陈朝，以功拜荆州总管，封越国公。

[3] 红拂：传奇中的女侠。隋末权相杨素的侍妓，能慧眼识英，为李靖之妻。前蜀杜光庭《虬髯客传》、明张凤翼《红拂记》均载其事。

[4] 逆邸：旅馆。

[5] 延入：邀请进入。

[6] 丝萝愿托乔木：丝萝，菟丝与女萝，均为蔓生，要缠绕于草木上，指红拂自己。乔木，高大的树木，指李靖。比喻愿将自己托付给李靖。

[7] 适：往。

[8] 白居易：字乐天，号香山居士，又号醉吟先生，唐代著名诗人。此时贬为江州司马，是辅佐刺史行使职权的闲差。

[9] 左迁：降官，贬职。

[10] 江州：今江西省九江市。

[11] 浔阳：江名。长江流经江西省九江市北的一段。

[12] 江浒：江边。

[13] 贾人：商人。

[14] 琵琶行：诗篇名，白居易的长篇乐府诗，表达了诗人对琵琶妓的深切同情，也抒发了诗人自己无辜被贬的愤懑之情。诗中有"江州司马青衫湿"一句，青衫，低品阶的官员所穿，后以青衫表示官职卑微。

陶庵对偶故事卷下

上 声

一 董

吕相夹袋　梁公药笼

宋吕蒙正[1]喜荐举贤才,四方人来谒见者,必问其乡有何人物。客去,即识其名,藏之夹袋[2]。朝廷求贤,取诸袋中以对。

唐元行冲[3]谓狄梁公曰:"下之事上,譬之富家贮积[4]以待困也,脯腊脺胰[5]以供滋膳[6],参苓芪朮[7]以备药材。愿以小人聊充公用[8]。"梁公笑曰:"君正吾药笼[9]中物,不可一日无也。"

【注释】

[1]吕蒙正:北宋政治家,河南人,字圣功。有重望,直言敢谏。能知人,识重富弼,荐侄夷简,后俱成名相。

[2]夹袋:衣服里面的口袋。朱熹《五朝名臣言行录·丞相许国吕文穆公》:"公夹袋中有册子,每四方替罢谒见,必问其有何人才,客去随即疏之,悉分门类。或有一人而数人称之者,必贤也。朝廷求贤,取之囊中。故公为相,文武百官各称职者,以此。"

[3]元行冲:唐河南人,名澹,以字行。博学多才,尤通训故。

[4]贮积:积蓄。

[5]脯腊脺胰:各种干肉。

[6]滋膳:补养的膳食。

[7] 参苓芪朮：人参、茯苓、黄芪、白朮，皆为中药。

[8] 公用：国用。

[9] 药笼：盛药的器具。比喻储备人才之所。

夏侯衣帘　德操絮桶

夏侯亶[1]性极吝啬。晚年好音乐，有歌妓十馀人，无艳装[2]艳服。客至，尝隔帘奏乐，时呼帘为夏侯妓衣。

吕徽之[3]安贫乐道，所居惟一间茅屋。友人冒雪访之，值徽之不在，木桶中有人答应，乃徽之妻也。天寒无衣，坐败絮[4]桶中。

【注释】

[1] 夏侯亶：南朝梁谯郡谯人，字世龙，性宽厚，有器量。

[2] 艳装：即靓妆，艳丽的妆容。

[3] 吕徽之：元末明初隐士，浙江黄岩人。

[4] 败絮：破旧的棉絮。

二　肿

刘髀生肉　元乳流湩

刘玄德在荆州数年，一日于刘表座起至厕，慨然流涕。表怪问之，玄德曰："平常身不离鞍，髀肉[1]皆消；今不复骑，髀里肉生。日月如流[2]，老将至矣，而功业不建，是以悲耳。"

元德秀[3]，字紫芝。秉性笃挚[4]，友爱兄弟。兄子早孤，不能得乳媪[5]。紫芝自乳之，数日而湩[6]流，至能食乃止。

【注释】

[1] 髀肉：大腿上的肉。后以"髀肉复生"为自叹壮志未酬，虚度光阴。

[2] 日月如流：时光像流水一样。

[3] 元德秀：唐河南人，字紫芝，曾任鲁山令。门人谥文行先生。天下高其行，称曰元鲁山。

[4] 笃挚：深厚真挚。

[5] 乳媪：奶妈。

[6] 湩：奶水。

定远玉门　明妃青冢

班超[1]立功西域，封定远侯。和帝[2]朝以年老乞归，久之不报。其妹曹大家[3]复为超上书："臣不敢望到酒泉[4]郡，但愿生入玉门关[5]耳。"

王昭君[6]死，葬于沙漠。塞草皆黄，而明妃[7]冢上草冬夏长青，故匈奴号为青冢[8]。

【注释】

[1] 班超：详见115页。班超收复了西域五十多个国家，封定远侯。

[2] 和帝：汉和帝刘肇，东汉皇帝。

[3] 曹大家：即班昭。班彪之女，班固、班超之妹。嫁曹世叔，早寡，屡受召入宫，为皇后及诸贵人教师，号曰"大家"。家，通"姑"。

[4] 酒泉：古邑名。今在甘肃省酒泉市。

[5] 玉门关：关名。汉武帝置。因西域输入玉石时取道于此而得名。汉时为通往西域各地的门户。故址在今甘肃省敦煌市西北小方盘城。

[6] 王昭君：名嫱，字昭君。西汉南郡秭归人，元帝时宫女，后和亲远嫁匈奴呼韩邪单于。

[7] 明妃：即王昭君，晋代避司马昭讳，改称明君，后人又称之为明妃。

[8] 青冢：王昭君墓。在今内蒙古自治区呼和浩特市南。传说当地多白草而此冢独青，故名。

四　纸

尧阶屈轶　皋狱獬豸

尧时有草生于庭，佞人[1]入朝，此草则屈而指之，名曰屈轶[2]。

皋陶[3]治狱，有獬[4]游于庭。其罪疑者令触之，有罪则触，无罪则不触，以定狱辞[5]。

【注释】

[1] 佞人：奸人。

[2] 屈轶：古代传说中一种草，谓能指识佞人，故又名"指佞草"。

[3] 皋陶：虞舜时的司法官。

[4] 獬：獬豸，即獬豸，传说中的异兽。一角，能辨曲直，见人相斗，则以角触邪恶无理者。

[5] 狱辞：决狱之辞。

黄石[1]手眉　常枞舌齿

张良为老人纳履[2]，老人曰："孺子[3]可教。"良曰："愿闻也。"老人曰："两眉致其美于人，而人卒不以眉为功，眉无事也。孺子居功，其以眉乎？两手致其伤于人，而人卒不以手为怨，手无心也。孺子处怨[4]，其以手乎？"张良怃然[5]，为间[6]曰："敬受教。"

常枞[7]有疾，弟子曰："先生疾甚，无遗教[8]语弟子乎？"枞乃张其口曰："舌存乎？"曰："存。""岂非以[9]软耶？齿存乎？"曰："亡[10]。""岂非以刚耶？"枞曰："天下事尽此矣。"

【注释】

[1] 黄石：黄石公，亦称圯上老人，曾授予张良兵法。《史记·留侯世家》："十三年孺子见我济北，谷城山下黄石即我矣。"

[2] 纳履：穿鞋。

[3] 孺子：小子。

[4] 处怨：对待怨恨。

[5] 怃然：茫然自失的样子。

[6] 为间：过了一会儿。

[7] 常枞：据传是老子之师，其名不可考。

[8] 遗教：临终的教诲。

[9] 以：因为。

[10] 亡：没有了。

周公握发　蔡邕倒屣

周公以成王[1]冲幼[2]，摄行[3]王政。一沐三握发[4]，一饭三吐哺[5]，以接天下之士，唯恐失之。

蔡邕[6]好客，惟王粲[7]晋谒[8]，为之倒屣迎[9]焉，曰："此王孙[10]有异材，馀人所不及也。"

【注释】

[1] 成王：姬姓，名诵，周武王姬发之子。

[2] 冲幼：年幼。

[3] 摄行：代理行使职权。

[4] 握发：束发。此句言洗发时多次挽束头发停下来不洗。

[5] 吐哺：吐出嘴里食物。此句指进食时多次吐出食物停下来不吃，与握发都表示急于迎客。

[6] 蔡邕：字伯喈，陈留郡圉县人。东汉时期名臣，文学家、书法家。

[7] 王粲：字仲宣，山阳高平人，汉末文学家，"建安七子"之一。

[8] 晋谒：进见。

[9] 倒屣迎：因为匆忙倒穿鞋子迎接。指对贤才尊重，或指对宾客热情。

[10] 王孙：对人的尊称。

西伯铁钺　萧何剑履

纣囚西伯[1]于羑里。散宜生[2]、闳夭[3]求有莘氏[4]美女及珍宝良马，因嬖臣[5]费仲[6]而献。纣乃释西伯，赐铁钺[7]、弓矢，以专征伐。

汉高帝诏定元功[8]位次，皆首曹参[9]。帝以萧何[10]有挽输[11]功，位第一，赐剑履[12]，上殿入朝不趋[13]。

【注释】

[1] 西伯：指周文王姬昌。焦循《孟子正义》："西伯，即文王也。纣命为西方诸侯之长，得专征伐，故称西伯。"

[2] 散宜生：西周开国功臣，是"文王四友"之一。

[3] 闳夭：西周开国功臣，"文王四友"之一。

[4] 有莘氏：古国名。有，词头。

[5] 嬖臣：受宠幸的近臣。

[6] 费仲：商代人。纣宠臣，善于阿谀逢迎，贪利。

[7] 铁钺：斫刀和大斧。后指帝王赐予的专征专杀之权。

[8] 元功：功臣。

[9] 曹参：字敬伯，泗水沛人，西汉开国功臣、军事家、政治家。

[10] 萧何：沛丰邑人，西汉初期重要政治家，位至丞相，"汉初三杰"之一。

[11] 挽输：运输物资。

[12] 剑履：经帝王特许，重臣上朝时可不解剑，不脱履，以示殊荣。

[13] 不趋：谓入朝不急步而行。封建时代人臣入朝必须趋步以示恭敬，入朝不趋是皇帝对大臣的一种殊遇。

博望葡萄　伏波薏苡

汉博望侯张骞，武帝时为郎使西域。至大宛[1]，得葡萄种，一名马乳，一名黑水晶，国人以之酿酒，十年不败[2]。

马援在交趾[3]，以薏苡[4]食能胜瘴气[5]，还，载一车反。援死，有上书谮[6]之者，言前所载归皆明珠、文犀[7]。

【注释】

[1] 大宛：古国名。为西域三十六国之一。

[2] 不败：不腐败。

[3] 交趾：古地区名，泛指五岭以南。

[4] 薏苡：植物名。薏米可供药用和食用。

[5] 瘴气：指南部、西南部地区山林间湿热蒸发能致病之气。

[6] 谮：诬陷。

[7] 文犀：有纹理的犀角。

秦始麋鹿　尚父仓兕

秦始皇欲大[1]苑囿[2]，优旃[3]曰："善。多纵禽兽于其中，寇[4]从东方来，以麋鹿触之足矣。"

姜尚父[5]为周司马[6]，将师伐纣，到盟津[7]，仗钺把旄，号其众曰"仓兕"[8]。仓兕者，水中之兽也，善覆人舟，因神以化，令汝急渡，若不急渡[9]，仓兕害汝。

【注释】

[1] 大：扩大。

[2] 苑囿：古代畜养禽兽供帝王玩乐的园林。

[3] 优旃：战国秦国优人。身材短小，善戏谑笑谈。在此讽谏秦始皇修苑囿。

[4] 寇：敌人。

[5] 姜尚父：即吕尚，详见6页。

[6] 司马：官名，负责掌管军队。

[7] 盟津：即孟津。古黄河渡口名。在今河南省孟津县东北、孟县西南。相传周武王伐纣，八百诸侯在此不期而盟会，并由此渡黄河。

[8] 仓兕：传说中的一种水兽。

[9] 急渡：快速渡河。

广汉缿筒　武照[1]铜匦[2]

汉赵广汉[3]为颖川[4]守，恨朋比为奸[5]，乃许相讦[6]。或匿名相告者，置缿筒[7]，令投书于其中。

武则天铸铜为匦，一室四隅[8]，上各有窍[9]，可入不可出，以开告密之门。

【注释】

[1] 武照：即武则天，并州文水人，名照。死后，中宗遵其遗命，改称其"则天大圣皇后"。

[2] 铜匦：铜制的匣子。

[3] 赵广汉：西汉涿郡蠡吾人，字子都。精于吏职，执法不避权贵。

[4] 颍川：郡名，秦置。以颍水得名，今河南省许昌市一带。

[5] 朋比为奸：结党营私，互相勾结干坏事。

[6] 相讦：相互告发。

[7] 缿筒：古代官府接受告密文书的器具。

[8] 四隅：四面。

[9] 窍：孔。

蒙恬[1]制笔　蔡伦造纸

《博物志》[2]：蒙恬为秦将，制笔由此始。

后汉宦者[3]蔡伦[4]以古契书多编以竹简，伦乃造意，用树肤[5]、麻头[6]、竹衣[7]、刍草[8]之属，制以为纸。奏上，帝善其制，颁行天下。

【注释】

[1] 蒙恬：秦朝著名将领，传说他创造了毛笔。

[2] 博物志：西晋张华编撰的中国古代神话志怪小说集。

[3] 宦者：宦官。

[4] 蔡伦：字敬仲，东汉桂阳郡人。有才学，汉和帝时为中常侍，改进了纸张。

[5] 树肤：树皮。

[6] 麻头：碎杂短麻。

[7] 竹衣：竹竿内的衣膜。

[8]刍草：鲜草。

纪瞻遣妾　王敦出婢

周顗[1]与朝士[2]至尚书纪瞻[3]家观妓舞，瞻有爱妾，能作新声[4]。顗意欲之，嘱有司[5]奏纪瞻荒于色，上令之出妓。

王敦[6]荒恣[7]于色，体为之敝[8]。左右谏之，敦曰："吾殊不觉，如此甚易。"乃开后阁[9]，驱诸婢妾数十人出路，任其所之。

【注释】

[1]周顗：东晋名士、大臣，汝南安成人，字伯仁。

[2]朝士：朝廷之士。

[3]纪瞻：东晋大臣，丹阳秣陵人，字思远。性静默，好读书，解音乐。

[4]新声：新颖美妙的乐音。

[5]有司：指主管某部门的官吏。

[6]王敦：字处仲，琅琊临沂人，东晋权臣。

[7]荒恣：放纵恣肆。

[8]敝：衰败。

[9]后阁：后门。

毛宝放龟　孙期牧豕

毛宝[1]见一白龟，买放之江中。后与石虎战，败投江，一物负而至岸，视之，乃昔所放白龟也。

孙期[2]习《京氏易》[3]、《古文尚书》。家酷贫，牧豕[4]泽中养母，从学者[5]皆执经垄畔[6]。黄巾贼[7]起，戒不犯期舍。郡举方正[8]，赍羊酒诣期，期驱豕入草泽中不顾。

【注释】

[1] 毛宝：东晋将领，荥阳阳武人，字硕真。

[2] 孙期：东汉学者、隐士，济阴成武人，字仲彧。

[3] 京氏易：书名。亦称《京氏易传》。西汉京房撰。

[4] 牧豕：放牧牲畜。

[5] 从学者：求学的人。

[6] 垄畔：田垄旁。

[7] 黄巾贼：东汉末年张角所领导的农民起义军，因头包黄巾而得名。

[8] 方正：古代制科之一，汉文帝时始诏举"贤良方正能直言极谏者"，是一种地方长官向国家举荐人才的方式。

太宗吞蝗　宋郊渡蚁

贞观[1]中，京畿[2]旱蝗。唐太宗掇蝗引咎[3]曰："过在予耳，人以食为命，食我禾稻，宁食我肺肝！"遂吞之。是岁蝗不为灾。

宋郊一日斋居[4]，值洪水漂蚁薮，郊编竹为桥渡之。逾数日，相士[5]见郊，大惊曰："公相顿改，似活数百万生命。"郊道渡蚁事。曰："足以当之矣。小宋当魁[6]天下，大宋亦不失科名[7]。"兄弟果皆状元。

【注释】

[1] 贞观：唐太宗李世民的年号。

[2] 京畿：国都及其行政官署所辖地区。

[3] 引咎：归过失于自己。

[4] 斋居：斋戒别居。

[5] 相士：旧时看相以谈命相为职业的人。

[6] 魁：做魁首。

[7] 科名：科举功名。

五 尾

秦始海神　阮侃厕鬼

秦始皇海中造桥，海神为之竖柱[1]。始皇求与相见，神曰："我丑，莫图[2]我形。"有画工潜画其状，神怒曰："帝负约[3]，速走[4]。"始皇转马，甫[5]登岸，沙土随崩，画工溺死。

阮侃[6]尝于厕中见鬼，长丈馀，色黑而眼大，著皂[7]单衣、平上帻[8]，去之咫尺。侃徐视[9]，笑语之曰："人言鬼可憎，果然。"鬼惭而退。

【注释】

[1] 竖柱：立起桥柱。

[2] 图：画。

[3] 负约：违背誓约。

[4] 走：离开

[5] 甫：才。

[6] 阮侃：晋代医家，字德如，陈留郡人，聪慧好学。

[7] 皂：黑色。

[8] 平上帻：魏晋以来武官所戴的一种平顶头巾。

[9] 徐视：从容舒缓地看。

更始羊头　赵王狗尾

更始[1]纳赵萌[2]女为后，委政[3]于萌，群小膳夫[4]滥受爵禄。长安人语曰："灶下养[5]，中郎将[6]。烂羊[7]胃，骑都尉[8]。烂羊头，关内侯[9]。"

晋赵王伦[10]篡位，同谋者奴隶厮役[11]亦加爵位，每会，貂蝉[12]盈座。时人语曰："貂不足，狗尾续[13]。"

【注释】

[1]更始：汉更始帝刘玄，新莽末南阳蔡阳人，字圣公，沉湎酒色，不务朝政。

[2]赵萌：新莽末南阳棘阳人，更始帝封为右大司马。

[3]委政：付以政柄。

[4]群小膳夫：谓厨工一类社会地位卑下的人。

[5]灶下养：厨工的辱称。

[6]中郎将：中郎署的长官，统领皇帝的侍卫。

[7]烂羊：后以"烂羊"为典，指地位卑下者或滥授官爵。

[8]骑都尉：古代官名。汉武帝始置，为统领骑兵之武职，无固定职掌。

[9]关内侯：爵位名称，一般乃对立有军功将领的奖励。

[10]赵王伦：赵王司马伦，字子彝，晋宣帝司马懿第九子，"八王之乱"的参与者。

[11]厮役：干杂事劳役的奴隶。

[12]貂蝉：貂尾和附蝉，古代为侍中、常侍等贵近之臣的冠饰。

[13]狗尾续：古代近侍官员以貂尾为冠饰，任官太滥，貂尾不足，用狗尾代之。后以"狗尾续貂"讽刺封爵太滥。

六　语

温峤绝裾　曾母投杼

温峤除散骑侍郎[1],其母固止之,峤绝裾[2]而行。至闻母亡,乃请北归,诏不许。峤仍受命,人讥其不孝。

鲁有与曾子[3]同名者杀人。曾母方在机织布,有报鲁母者曰:"曾参杀人。"母曰:"吾子不杀人。"织如故。报者三至,其母投杼[4]下机,逾墙而走。

【注释】

[1]散骑侍郎:官名,掌侍从左右,顾问应对、规劝得失。

[2]绝裾:断去衣襟。

[3]曾子:即曾参,孔子弟子,儒家学派的重要代表人物。

[4]投杼:扔下织梭。后以"投杼"比喻谣言众多,动摇了对最亲近者的信心。

张翰[1]莼鲈[2]　陆羽桑苎

张翰仕齐王冏[3]为东曹掾[4],见司马氏骨肉相残,知乱将作,因秋风起,思吴中莼菜羹、鲈鱼脍,叹曰:"人生贵适志耳,需富贵何为?"命驾[5]归去。

陆羽隐居苕溪[6],自称桑苎[7]翁,杜门著书。或独行野中,诵诗击木,徘徊不得意,或恸哭而归。嗜茶,著《茶经》[8]三卷。

【注释】

[1]张翰:西晋吴郡吴人,字季鹰。博学能文,纵任不羁。

[2]莼鲈:莼菜羹、鲈鱼脍。后以"莼鲈之思"喻思乡或归隐之念。

[3]齐王冏：齐王司马冏，"八王之乱"的参与者。

[4]东曹掾：官职名，丞相、太尉自辟掾吏分曹治事，有东曹掾。

[5]命驾：动身。

[6]苕溪：水名。从浙江天目山出，夹岸多苕，秋后花飘水上如飞雪，故名。

[7]桑苎：桑树与苎麻。

[8]茶经：唐代茶学家陆羽所撰，是中国乃至世界最早、最完整、最全面介绍茶的专著。

陈雷胶漆　范张鸡黍

后汉雷义[1]与陈重[2]为友，情如兄弟。时人语曰："胶漆[3]虽坚，不如雷与陈。"二人并为郡守。

范式[4]，字巨卿。游太学，与张元伯[5]为友。告归，约三年后造宅相访。元伯至期，杀鸡为黍[6]以俟。母曰："三年之别，地隔千里，焉能践期[7]？"元伯曰："巨卿，信士也。"是日果至。

【注释】

[1]雷义：东汉豫章鄱阳人，字仲公。

[2]陈重：东汉豫章宜春人，字景公。

[3]胶漆：胶与漆皆黏结之物，比喻情谊极深，亲密无间。

[4]范式：东汉山阳金乡人，字巨卿，与汝南张劭为友。至死不相负，有"死友"之称。

[5]张元伯：东汉汝南人，字元伯。与山阳范式为友。

[6]杀鸡为黍：指饷客的饭菜。语本《论语·微子》："止子路宿，杀鸡为黍而食之。"

[7]践期：遵循约定的期限。

苏颋花帽　沂公莲炬

长安春时盛于游赏，园林树木无间地，学士苏颋[1]应制赋诗，帝嘉赏，遂以御花插颋之帽上。

王沂公[2]曾在翰林[3]时，被召入内，侍座赐酒，令宫嫔各取领巾、裙带，或团扇、手帖求诗，公悉应之。上曰："岂可虚辱[4]，须与学士润笔[5]。"遂各取头上花朵簪公襆头[6]。上命辍金莲烛[7]，令内侍[8]扶掖[9]归院。

【注释】

[1]苏颋：唐京兆武功人，字廷硕。唐玄宗时任宰相，封许国公。善于文学，与燕国公张说齐名，时称"燕许大手笔"。

[2]王沂公：王曾，字孝先。青州益都人。北宋名相，封沂国公。

[3]翰林：翰林学士院，专门起草机密诏制的重要机构。

[4]虚辱：空承美意。

[5]润笔：《隋书·郑译传》："上令内史令李德林立作诏书，高颎戏谓译曰：'笔干。'译答曰：'出为方岳，杖策言归，不得一钱，何以润笔。'"唐宋翰苑官草制除官公文，例奉润笔物。后泛指付给作诗文书画之人的报酬。

[6]襆头：古代包头软巾，有四带，二带系脑后垂之，二带反系头上，令曲折附顶。

[7]辍金莲烛：金莲烛为御用之物，取金莲烛送归以表殊荣。此典源出《唐摭言》："令狐赵公，大中初在内庭，恩泽无二，常便殿召对，夜艾方罢，宣赐金莲。花送归院，院使已下，谓是驾来，皆鞠躬阶下。俄传吟曰：'学士归院！'莫不惊异。金莲花，烛柄耳，唯至尊方有之。"

[8]内侍：在宫中供使唤的人。

[9]扶掖：搀扶。

季布一诺　阮瞻三语

汉季布，楚将，数窘高祖。及即位，求之急，隐朱家为奴。后因赦之，为郎，甚见信重。谚曰："得黄金百斤，不如季布一诺[1]。"

晋阮瞻[2]见王戎，戎问曰："圣人[3]贵名教[4]，老庄[5]明自然，其旨同异？"瞻曰："将无同[6]。"戎善其对，辟为掾。时人谓之三语掾[7]。

【注释】

[1]季布一诺：季布以任侠名，重视诺言。后以"季布一诺"为重然诺而不失信用之典。

[2]阮瞻：西晋陈留尉氏人，字千里。清虚寡欲，善清言。

[3]圣人：指孔子。

[4]名教：指以正名定分为主的封建礼教。

[5]老庄：老子、庄子。

[6]将无同：恐怕相同。

[7]三语掾：三语，三个字。掾，古代副官、佐吏的通称。后常以"三语掾"作为幕府官的美称。

张收瘛犬　公房秽鼠

《左传》[1]云："国狗[2]之瘛，无不噬也。"注云："瘛，狂犬也。今云猘犬[3]。"《宋书》：张收[4]为瘛犬所伤，食虾蟆[5]而愈。

唐公房[6]拔宅上升[7]，鸡犬皆仙，惟鼠不净，不得去。鼠自悔，一日三吐其肠，欲自洁也。

【注释】

[1] 左传：指《春秋左氏传》，编年体史书。儒家重要经典之一，相传为春秋时期左丘明所著。

[2] 国狗：家狗。

[3] 猘犬：疯狗。

[4] 张收：按，《宋书·张邵传》云"（张畅）弟（张）牧"，《张畅传》云"（张畅）弟（张）牧"。

[5] 虾蟆：蛤蟆。

[6] 唐公房：西汉末汉中成固人，服药成仙。

[7] 拔宅上升：全家飞升。

七　麇

沛公鹁鸽　上皇鹦鹉

汉高祖庙临城鹁鸽井旁。记云：沛公[1]避难井中，有鹁鸽[2]集井上，追者不疑，得脱。

唐明皇时岭南进白鹦鹉，聪慧能人言，上呼为雪衣娘[3]。上每与诸王及贵妃博戏[4]，稍不胜[5]，左右呼"雪衣娘"，即飞入局中，乱其行列。

【注释】

[1] 沛公：汉高祖刘邦起兵于沛，以应陈涉，众立为沛公。

[2] 鹁鸽：鸽子。

[3] 雪衣娘：白鹦鹉。

[4] 博戏：古代的一种棋戏。

[5] 不胜：敌不住。

吕安题凤　马援画虎

吕安[1]与嵇康友善。后安诣康，值康不在，嵇喜[2]迎入，不入，题"凤"字而去。喜以告康，康曰："凤字，凡鸟也。"

马援诫子曰："龙伯高[3]敦厚周慎，吾愿汝曹[4]效之，所谓刻鹄不成尚类鹜[5]也。杜季良[6]豪侠好义，吾不愿汝曹效之，所谓画虎不成反类狗[7]也。"

【注释】

[1]吕安：三国魏东平人，字仲悌。有俊才，与嵇康为好友。"吕安题凤"喻造访不遇。

[2]嵇喜：字公穆，谯国铚县人，嵇康的兄长。

[3]龙伯高：龙述，东汉京兆人，字伯高。谦约节俭，廉公有威。

[4]汝曹：你们。

[5]刻鹄不成尚类鹜：鹄，天鹅。鹜，鸭子。比喻仿效虽不逼真，但还相似。

[6]杜季良：杜保，东汉京兆人，字季良。豪侠好义，光武帝时任越骑司马。后其仇人上书讼其"为行浮薄，乱群惑众"，因免官。

[7]画虎不成反类狗：比喻仿效失真，适得其反。

渊明停云　杜甫旧雨

陶元亮[1]诗序："《停云》[2]，思亲友也。"故称知交，谓之停云。

杜少陵[3]云："卧病长安旅次[4]，多雨。寻常车马之客，旧雨[5]来，新雨不来。"

【注释】

[1] 陶元亮：东晋诗人陶渊明，字元亮，晚年更名潜。

[2] 停云：诗篇名，意为停止不动的云。后世多用作思亲友之意。

[3] 杜少陵：杜甫，字子美，自号少陵野老，原籍襄阳，出生于河南巩县。唐代著名诗人，世称"诗圣"。

[4] 旅次：旅人暂居的地方。语本《易·旅》："旅即次。"王弼注："次者可以安行旅之地也。"

[5] 旧雨：谓过去宾客遇雨也来，而今遇雨却不来了。后以"旧雨"作为老友的代称。

周嵩狼抗　梁冀跋扈

周嵩[1]与兄顗并贵，母自谓无忧。嵩曰："伯仁志大才短，名重识暗，非自全之道。嵩性狼抗[2]，亦不容于世。"

后汉梁冀[3]，质帝时恃宠骄横，朝臣目曰"跋扈[4]将军"。

【注释】

[1] 周嵩：东晋汝南安成人，字仲智。周顗之弟，为人狷直果侠，每以才气凌物。

[2] 狼抗：傲慢。

[3] 梁冀：字伯卓，安定人，东汉时期外戚出身的权臣。

[4] 跋扈：骄横。

老妪宁馨　侍婢阿堵

王衍[1]方总角，山涛见而奇之曰："何物老妪[2]，生此宁馨儿[3]？然误天下苍生者，未必非此人也。"

妻郭氏性贪鄙，衍疾[4]之，口不言钱。妻令侍婢以钱绕床。衍晨起，呼婢曰："举去阿堵物[5]。"

【注释】

[1] 王衍：字夷甫。琅琊郡临沂县人。西晋末年重臣，玄学清谈领袖。谈《老》《庄》，义理不安，随即更改，时人称为"口中雌黄"。官至尚书令、司空、太尉。不以经国为念，专谋自保。

[2] 老妪：老年妇女。

[3] 宁馨儿：晋宋时俗语，犹言这样的孩子。后用为对孩子的美称，犹言好孩子。

[4] 疾：痛恨。

[5] 阿堵物：俗语，犹言这个东西。仍是不言"钱"字。

郗超髯参　王珣短簿

晋郗超[1]、王珣[2]并有奇才，为桓温所举。超为参军[3]，多须，珣为主簿[4]，形状短小，人语曰："髯参军，短主簿。能令公喜，能令公怒。"

【注释】

[1] 郗超：东晋高平金乡人，字景兴，一字嘉宾。东晋官员、书法家。

[2] 王珣：字元琳，小字法护，东晋琅琊临沂人，书法家。

[3] 参军：见 58 页。

[4] 主簿：官名。魏晋时为将帅重臣的主要僚属，参与机要，总领府事。

孙敬[1]悬梁[2]　苏秦刺股

楚孙敬好学苦读,倦则以绳系颈,悬之梁上,垂头即醒。后仕至大夫[3]。

苏秦[4]裘敝金尽[5],憔悴归洛,乃发愤读书,欲睡则引锥刺股[6]。三年揣摩[7]成,遂往说赵,佩六国相印[8]。

【注释】

[1]孙敬:见34页。

[2]悬梁:悬挂于房梁。后以"悬梁"指苦学。

[3]大夫:古职官名。周代在国君之下有卿、大夫、士三等;各等中又分上、中、下三级。后因以大夫为任官职者之称。

[4]苏秦:字季子,洛阳人,战国时期著名纵横家、外交家。

[5]裘敝金尽:裘衣破损,钱财用尽。

[6]刺股:刺大腿。

[7]揣摩:研究。

[8]六国相印:苏秦合纵六国,以抗秦国。

王玙楮镪　淮南豆腐

汉制葬者有昏寓钱[1],谓昏晚[2]埋葬于圹中,为死者之用。唐玄宗时王玙[3]制为纸钱代之,后人名之楮镪[4]。

汉淮南王[5]以豆作腐,至今民间无日不用。以其制在孔子之后,故孔庙[6]祭品独不用之。

【注释】

[1]昏寓钱:给死者用的冥币。

[2] 昏晚：夜晚。

[3] 王玙：唐人。少习礼学。玄宗时擢太常博士。

[4] 楮镪：祭供时焚化用的纸钱。

[5] 淮南王：汉代淮南王刘安，好文学，喜神仙之术，传说甚多。

[6] 孔庙：纪念和祭祀孔子的祠庙，多省称"孔庙"。

十一　轸

鲍叔分金　鲁肃指囷

管仲[1]曰："吾困时，尝与鲍叔[2]贾[3]，分财利，吾多自与，鲍叔不以吾为贪，知我贫也。"

鲁肃[4]以散财赈穷，结交俊杰。周瑜[5]过肃，并告资粮。肃家有两囷米，各三千斛，指一囷[6]与瑜，瑜惊异之，遂相与亲结[7]。

【注释】

[1] 管仲：名夷吾，字仲，颍上人，春秋时期政治家、军事家。使齐日益富强，使桓公以尊王攘夷为名，九合诸侯，成为春秋第一个霸主。

[2] 鲍叔：鲍叔牙，春秋时齐国大夫。与管仲为至交。

[3] 贾：经商。

[4] 鲁肃：字子敬，孙权的重要谋士和将领。

[5] 周瑜：字公瑾，庐江舒人，三国时吴国名将。

[6] 囷：粮仓。

[7] 亲结：亲近交结。

欧公朱衣　　宗敏玉笋

欧阳公[1]知[2]贡举[3]，考试阅卷，常觉一朱衣人在座后点头，然后文章入格。故有句云："文章自古无凭据，惟愿朱衣暗点头。"

唐李宗敏[4]知贡举，所取多知名士，世谓之"玉笋班"[5]。

【注释】

[1] 欧阳公：北宋文学家欧阳修。

[2] 知：主持。

[3] 贡举：指科举考试。

[4] 李宗敏：李宗闵，字损之。唐代大臣，能直言极谏。

[5] 玉笋班：喻英才济济的一届科举。《新唐书·李宗闵列传》："俄复为中书舍人，典贡举，所取多知名士，若唐冲、薛庠、袁都等，世谓之'玉笋'。"

十三　阮

汾阳筑墙　　萧何请苑

郭汾阳[1]治第，谓工人好筑墙，勿令不固。筑者委锸[2]对曰："数十年来京城达官墙皆某所筑，今某死某败某绝，人自改换，墙固无恙。"公闻言，即日请老[3]。

萧何为民请上苑[4]空地，令民入田。上大怒曰："相国[5]多受贾人财物，为请吾苑。"乃下何狱。

【注释】

[1] 郭汾阳：唐代名将郭子仪。因功封汾阳王，故称。

[2] 委锸：放下铁锹。

[3] 请老：官吏请求退休养老。

[4] 上苑：皇家的园林。

[5] 相国：古官名。春秋战国时，除楚国外，各国都设相，称为相国、相邦或丞相，为百官之长。秦及汉初，其位尊于丞相，后为宰相的尊称。此指萧何。

伯牙鼓琴　浚仲拨阮

伯牙[1]鼓琴，钟子期[2]听之。伯牙志在高山，钟曰："善哉，峻若嵩岳[3]！"伯牙志在流水，钟曰："善哉，泻若江河！"子期死，伯牙破琴绝弦[4]，终身不复鼓琴。

阮咸[5]，字浚仲。武后时，有人破古冢，得铜器似琵琶，身正圆，人莫能辨。元行冲曰："此阮咸所作也。"命匠人仿其式，以木为之，乐家遂名曰阮[6]。

【注释】

[1] 伯牙：姓俞，春秋战国时期楚国郢都人，著名的琴师。

[2] 钟子期：名徽，字子期，春秋战国时代楚国汉阳人。相传他是樵夫。

[3] 嵩岳：嵩山。

[4] 破琴绝弦：毁琴断弦，表示世无知音，不再鼓琴。

[5] 阮咸：西晋音乐家，竹林七贤之一，阮籍之侄。

[6] 阮：古琵琶的一种。四弦有柱，形似月琴。相传西晋阮咸善弹此乐器，因而得名。

十五　潜

大龟负碑　青鸟传简

欧阳修作《泷江[1]阡表[2]碑》，雇舟载回。至鄱阳湖[3]，有数人来舟曰："闻公之文章盖世，水府[4]愿借一观。"赍碑入水，遂不见焉。修命泰和[5]令黄庭坚[6]为文檄[7]之，空中语曰："已押骊龙[8]送至泷上矣。"修至家扫墓，见水洼中云雾濛蔽，有大龟负碑而出，倏忽[9]不见。

汉武好神仙。一日西王母遣青鸟[10]使传书，告帝某日当至，乃供帐九华殿[11]以待之。七月七夕[12]王母乘紫云车而来，头上带七种青气，郁郁如云。袖中出毛桃[13]，与帝共食之。

【注释】

[1]泷江：长江流域赣江东岸最大支流，流经江西省永丰县、吉水县、吉安市。

[2]泷江阡表：即《泷冈阡表》，是唐宋八大家之一欧阳修代表作，被誉为中国古代三大祭文之一，该文是欧阳修在他父亲死后六十年所作的墓表。阡表，墓表。

[3]鄱阳湖：我国最大的淡水湖，古称彭蠡、彭泽，在江西省北部。

[4]水府：神话传说中水神或龙王所住的地方。

[5]泰和：今江西省泰和县。

[6]黄庭坚：字鲁直，号山谷道人、涪翁，北宋著名诗人。

[7]檄：写檄文声讨。檄文，古代文告的一种。

[8]骊龙：黑龙。

[9] 倏忽：迅疾貌。

[10] 青鸟：为西王母取食传信的神鸟。《山海经·西山经》："又西二百二十里，曰三危之山，三青鸟居之。"郭璞注："三青鸟主为西王母取食者，别自栖息于此山也。"

[11] 九华殿：汉代掖庭中的殿名。《西京杂记》卷一："汉掖庭有月影台、云光殿、九华殿、开襟阁、临池观，不在簿籍，皆繁华窈窕之所栖宿焉。"

[12] 七夕：农历七月初七之夕。

[13] 毛桃：即碧桃，传说中的仙桃。

卢杞蓝面　阮籍青眼

卢杞[1]号蓝面鬼，尝造汾阳[2]家问病，公闻杞至，悉屏姬侍，独凭几待之。家人问故，曰："杞外陋内险[3]，姬侍见之必笑。使后得权，吾族无噍类[4]矣。"

阮籍能为青白眼[5]，见礼法之士[6]以白眼待之。母终，嵇喜来吊[7]，籍作白眼。喜弟康乃挟琴赍酒[8]造[9]焉，籍大悦，乃见青眼。

【注释】

[1] 卢杞：唐滑州灵昌人，字子良。为人奸诈，妒贤忌能。

[2] 汾阳：见175页。

[3] 外陋内险：外表丑陋，内心险恶。

[4] 噍类：指活着的人。《汉书·高帝纪上》："项羽为人僄悍祸贼，尝攻襄城，襄城无噍类，所过无不残灭。"颜师古注引如淳曰："无复有活而噍食者也。青州俗呼无子遗为无噍类。"噍，吃。

[5] 青白眼：眼睛平视则见黑眼珠，上视则见白眼珠，此谓之"青白眼"。

177

[6] 礼法之士：遵守礼法的人。为阮籍所不喜。

[7] 吊：凭吊。

[8] 挟琴赍酒：带着琴和酒。嵇康此举不合礼法，而为阮籍所好。

[9] 造：造访。

十六　铣

客诈鸡鸣　相问牛喘

孟尝君以狐白裘[1]献昭王幸姬[2]，得释。夜驰至函谷关，昭王遣人追之。关法[3]鸡不鸣不得出关，客有能作鸡鸣者，而他鸡尽鸣，孟尝遂出。

汉丙吉[4]为相，尝出，逢群斗[5]，死伤不问。逢牛喘[6]，使问，逐牛行几里。或失问[7]，吉曰："民斗，有司之事。当春牛喘，阴阳失调，此三公职也。"

【注释】

[1] 狐白裘：用狐腋的白毛皮做成的衣服。《史记·孟尝君列传》："此时孟尝君有一狐白裘，直千金，天下无双。"裴骃《集解》引韦昭曰："以狐之白毛皮为裘，谓集狐腋之毛，言美而难得者。"

[2] 昭王幸姬：秦昭王的宠姬。

[3] 关法：出入关隘的法令。

[4] 丙吉：姓或作邴。西汉鲁国人，字少卿。政尚宽大，不问小事。

[5] 群斗：群相斗殴。

[6] 牛喘：牛因热而喘气。后亦用以比喻庶民之疾苦。

[7] 失问：忍不住问。

婕妤当熊　班姬辞辇

冯婕妤[1]从帝幸虎圈斗兽，熊逸[2]出关，攀槛欲上殿。婕妤恐熊至御座，直前以身当[3]之，帝叹其忠。

班姬[4]事成帝[5]，游后庭[6]，欲与同辇[7]。姬辞曰："礼忌并尊，岂敢同辇？"帝善之，乃止。

【注释】

[1]冯婕妤：冯媛，西汉上党潞人，汉元帝时，入宫为婕妤。婕妤，宫中女官名，后作为妃嫔的称号。

[2]逸：跑出来。

[3]当：阻挡。后多以"当熊"为女性临危不惧、奋不顾身之典，亦作爱君之典。

[4]班姬：西汉女文学家班婕妤。汉成帝时被选入宫，立为婕妤。

[5]成帝：汉成帝刘骜，字太孙，西汉皇帝。

[6]后庭：后宫。

[7]同辇：坐同一辆辇车。

贾琮褰帷　郭贺露冕

后汉贾琮[1]为冀州[2]刺史，车驾垂帷。琮曰："刺史当远视广听，纠察善恶，何可反垂帷裳，以自掩乎？"乃命御者褰[3]之。百姓闻风震悚[4]。

郭贺[5]为荆州刺史，为官卓异。上赐以三公之服。贺车行部[6]，去襜帷[7]，令百姓见其冕服[8]，以彰君赐。

【注释】

[1]贾琮：东汉东郡聊城人，字孟坚。

[2]冀州：汉武帝时为十三刺史部之一。辖境大致为河北省中南部，

山东省西端和河南省北端。

[3] 搴：拉起。

[4] 闻风震悚：听到消息，震惊惶恐。

[5] 郭贺：东汉广汉洛人，字乔卿。汉明帝巡狩南阳时，赐以三公之服。

[6] 行部：所属部域，考核政绩。

[7] 襜帷：车帷。

[8] 冕服：古代大夫以上的礼冠与服饰。

程邈隶书　史籀大篆

秦程邈[1]为狱吏，从狱中改篆为隶[2]，奏之。始皇使定书法。

周史籀[3]始书《大篆》十五篇，世谓之籀书[4]。

【注释】

[1] 程邈：秦下杜人，字元岑。相传他整理字体，首变篆书圆转为方折，去其繁复，以便书写，世称隶书。

[2] 改篆为隶：改篆书为隶书。

[3] 史籀：西周人，宣王时太史。相传著《大篆》十五篇以训学童。

[4] 籀书：我国古代书体的一种，也叫"大篆"。

十八　巧

越王鸟喙　麻姑鸟爪

范蠡灭吴，遂乘轻舟浮海出齐，自号鸱夷子皮[1]。遗文种[2]书曰："越王长颈鸟喙[3]，可与同患难，不可与共安乐，子奚[4]不去？"

麻姑[5]手似鸟爪，蔡经[6]心中念言："背痒时得此爪以爬背[7]，乃佳也。"王方平[8]已知其心中念言，即使人牵经鞭之。

【注释】

[1] 鸱夷子皮：范蠡的化名。鸱夷，革囊也。

[2] 文种：字子禽，楚国郢人，春秋末期著名的谋略家，和范蠡都是越王勾践的谋臣。

[3] 鸟喙：尖嘴。喻人奸诈阴险。

[4] 奚：为什么。

[5] 麻姑：神话中仙女名，手纤长似鸟爪。

[6] 蔡经：东汉吴郡吴人，从王方平习道。

[7] 爬背：挠背。

[8] 王方平：东汉时人，名远，字方平。汉桓帝时做过官，精通天文、河图、道纖学。后来辞官隐去，升天成仙。

穆宗括香　明皇乞巧

唐穆宗[1]每宫中花开，则以重顶帐蒙被栏楯[2]，置惜春御史[3]掌之，号曰括香[4]。

唐明皇以七夕牛女[5]相会，命作高台，陈瓜果于上，宫人暗中以七孔针引彩线穿之，以乞天巧[6]。穿过者以为得巧。

【注释】

[1] 唐穆宗：李恒，原名李宥，唐朝第十二位皇帝。

[2] 栏楯：栏杆。

[3] 惜春御史：唐代官名。掌护宫中花木。

[4] 括香：犹言护花。

181

[5]牛女：牛郎、织女的简称。

[6]乞天巧：旧时风俗，农历七月七日夜妇女在庭院向织女星乞求智巧，称为"乞巧"。

二十　哿

孟尝还珠　刘昆灭火

孟尝[1]为合浦[2]太守，郡中向产美珠，因先任[3]郡守贪秽，珠徙[4]交趾。及孟尝为官，去珠复还，民仍富庶。

刘昆[5]为江陵[6]令，民有火灾，昆乃向火叩头，天遂反风灭火。

【注释】

[1]孟尝：字伯周，会稽上虞人。东汉官吏。

[2]合浦：地名，在今广西省合浦县一带，盛产珍珠。后用"珠还合浦"比喻失而复得或去而复还。

[3]先任：前任。

[4]徙：迁徙。

[5]刘昆：东汉陈留东昏人，字桓公，为政颇善。

[6]江陵：县名。在今湖北省荆州市。

姜肱共被　孔融[1]让果

后汉姜肱[2]孝友[3]著闻，兄弟数人，共被而寝。

孔融年四岁，与诸兄食梨，取其小者。诸兄问之，答曰："我小儿，法当取小。"宗族奇之。

【注释】

[1]孔融：见146页。

[2]姜肱：东汉彭城广戚人，字伯淮。后以"姜被"指兄弟和兄弟之情。

[3]孝友：孝顺父母、友爱兄弟。

端康相代　亮胤隔坐

韦端[1]为荆州刺史，后征为太仆，其子康代为荆州刺史，莅任[2]，时父子自相交代。

吴亮[3]为尚书令[4]，其子胤为中书令[5]。景帝[6]时父子每当朝宴[7]，以屏风隔其坐。

【注释】

[1]韦端：东汉京兆人。汉献帝建安时为凉州牧，征为太仆，其子韦康亦为凉州刺史。故"荆州"应作"凉州"。《三国志·魏书·荀彧传》裴松之注引《三辅决录》："康字元将，京兆人。父端，从凉州牧征为太仆，康代为凉州刺史，时人荣之。"

[2]莅任：上任。

[3]吴亮：应为纪亮，丹阳人，三国时期吴国大臣。其子纪胤，字子上。按，《三国志·吴书·孙皓传》言及"光禄大夫纪陟"，裴松之注引《吴录》曰："陟字子上，丹杨人。初为中书郎，孙峻使诘南阳王和，令其引分。陟密使令正辞自理，峻怒。陟惧，闭门不出。孙休时，父亮为尚书令，而陟为中书令，每朝会，诏以屏风隔其座。"

[4]尚书令：官名。尚书原为秦官，为少府属官，负责管理少府档案和文书，后职权变大，负责处理奏章。

[5]中书令：官名，帮助皇帝在宫廷处理政务的官员。

[6]景帝：吴景帝孙休，字子烈，三国时期吴国的第三位皇帝。

·183·

[7]朝宴：朝廷的宴会。

湘东目眇　师德足跛

湘东王[1]眇一目，起兵讨侯景[2]，王伟[3]为作檄曰："项羽重瞳[4]，尚有乌江[5]之败；湘东一目，宁为赤县[6]所归？"后以此伏诛。

袁客师[7]渡江，见舟中人鼻下皆有黑气，不欲渡。俄有一跛足男子负直就舟，客师曰："此贵人也，可以济矣。"男子乃娄师德[8]也。

【注释】

[1]湘东王：指湘东王萧绎，字世诚，小字七符。南兰陵（今江苏常州）人。南朝梁武帝萧衍第七子。平侯景后，即位于江陵，即梁元帝。其初生时患眼疾，萧衍自为医治，遂盲一目。

[2]侯景：南北朝时魏怀朔镇人，字万景，善骑射。后降梁。公元548年，他发动叛乱，史称"侯景之乱"。

[3]王伟：南朝梁陈留人。少有才学，通《周易》。初仕魏为行台郎，及侯景叛梁，依附侯景。

[4]重瞳：一只眼睛里有两个瞳孔。

[5]乌江：水名。在今安徽省和县东北。附近原有乌江亭，相传为项羽兵败自刎处。

[6]赤县：天下的代称。《史记·孟子荀卿列传》："中国名曰赤县神州。"

[7]袁客师：唐益州成都人，袁天纲之子，传其父相术，为廪牺令。

[8]娄师德：唐郑州原武人，字宗仁。累官至同凤阁鸾台平章事，掌朝政。前后总边要为将相三十年，所至有功。

二十一　马

苍舒秤象　管仲师马

苍舒[1],魏武少子。时方九岁,外域献象,魏武欲知其斤数,问群臣,莫能对。舒曰:"置象船上,刻至水处,以物填之,即知斤数。"

管仲随桓公[2]北征孤竹[3],迷失道路。管仲曰:"老马识涂[4],其智可用。"于是随马得归。

【注释】

[1] 苍舒:曹冲,字苍舒。曹操之子,汉末神童。

[2] 桓公:齐桓公,春秋时齐国国君,姜姓,名小白。

[3] 孤竹:商周时国名。在今河北省卢龙县。

[4] 识涂:认得道路。

乌曹为砖　昆吾作瓦

古史云:虞时乌曹氏[1]作砖,昆吾氏[2]作瓦。至夏禹时,始改茅茨[3],造为宫室。

【注释】

[1] 乌曹氏:又有说为夏代人,传说为夏桀之臣。

[2] 昆吾氏:古掌管冶铸之官。

[3] 茅茨:茅草盖的屋顶,亦指茅屋。

海上凫毛　茅下龙鲊

晋惠帝[1]时，有人得一鸟，毛长三丈。问张华，华曰："此海凫[2]毛也，出则天下乱。"

有人于园内茅积下得一鱼，质状异常，作鲊[3]甚美。遗张华，华曰："此龙肉也。"以苦酒[4]沃之，有五色光焰。

【注释】

[1]晋惠帝：司马衷。晋朝皇帝，字正度。司马炎之子，性痴呆。

[2]海凫：一种海鸟。

[3]作鲊：做腌鱼肉。

[4]苦酒：醋的别名。

隐之投箸　王修辍社

晋吴隐之[1]事母孝，居丧[2]哀毁过礼[3]。与韩康伯[4]为邻，康伯母闻其哭声，止食投箸[5]，谓康伯曰："汝若居铨选[6]，当取此辈。"后康伯为吏部[7]，遂升高秩[8]。

魏王修[9]年七岁，以社日[10]母死，来岁乡里祭社，修感母哀恸[11]，乡里为之辍社[12]。

【注释】

[1]吴隐之：东晋濮阳鄄城人，字处默。博涉文史，以儒雅名。

[2]居丧：守孝。

[3]哀毁过礼：悲伤超过了常礼。

[4]韩康伯：韩伯，东晋颍川长社人，字康伯。好学，善言玄理。

[5]投箸：丢下筷子。

[6] 铨选：选才授官。

[7] 吏部：六部之一，东汉始置吏曹，改自尚书常侍曹，魏晋以后称吏部。掌管天下文官的任免、考课、升降、勋封、调动等事务。

[8] 高秩：高位。

[9] 王修：三国魏北海营陵人，字叔治。为官抑强扶弱，赏罚严明。

[10] 社日：祭祀土地神的日子，一般在立春、立秋后第五个戊日。董仲舒《春秋繁露·止雨》："祭社，击鼓三日而祝。"

[11] 哀恸：悲痛至极。

[12] 辍社：停止社日祭祀活动。

二十二　养

朱云折槛　申屠断鞅

前汉朱云[1]为槐里[2]令。时张禹[3]以师傅[4]恃贵骄横，朱云请尚方剑[5]斩佞臣一人，以励[6]其馀。帝怒其小臣讪[7]上，令御史将[8]云下殿。云攀折槛[9]，曰："臣得从龙逢[10]、比干[11]游地下，足矣。"

后汉申屠刚[12]为大夫，光武欲出游，刚叩头曰："今陇[13]、蜀未平，不宜游逸。"以刀断马鞅[14]，帝乃止。

【注释】

[1] 朱云：西汉鲁国人，家徙平陵，字游。少好任侠，年四十，学《易》《论语》。为人狂直，敢于进谏。

[2] 槐里：槐里县，古县名，今兴平市。

[3] 张禹：西汉河内轵人，字子文。精习经学，为博士，性奢而贪。

[4] 师傅：老师。汉成帝为太子时，张禹曾为其授《论语》。

[5] 尚方剑：皇帝用来封赐大臣的剑，表示授权，可以便宜行事。

[6] 励：砥砺。

[7] 讪：毁谤。

[8] 将：带着。

[9] 折槛：后世殿槛正中一间横槛独不施栏干，谓之折槛，即源于朱云折槛之事。后用为直言谏诤的典故。

[10] 龙逢：关龙逢。夏之贤人，因谏劝而被桀所杀，后用为忠臣之代称。

[11] 比干：纣王的叔父，官少师。因屡次劝谏纣王，被剖心而死。

[12] 申屠刚：东汉扶风茂陵人，字巨卿。

[13] 陇：今甘肃一带。

[14] 马鞅：马拉车时套在当胸的皮带。

叔宝羊车　王恭鹤氅

卫玠[1]，字叔宝。丰神秀异，总角乘羊车[2]入市，见者皆以为玉人。

王恭[3]温厚姿仪，尝披鹤氅[4]，涉雪而行。孟尝见之，叹曰："此真神仙中人也。"

【注释】

[1] 卫玠：西晋河东安邑人，美姿容，好言玄理。

[2] 羊车：小车。

[3] 王恭：东晋太原晋阳人，字孝伯。

[4] 鹤氅：鸟羽制成的裘，用作外套。

索靖铜驼　曲端铁象

晋索靖[1]知天下将乱,指洛阳宫门铜驼[2],叹曰:"会见汝在荆棘中耳。"

宋曲端[3]下狱,自知必死,仰天长吁[4],指其所乘马名铁象,曰:"天不欲恢复中原耶!惜哉铁象[5]!"泣数行下。

【注释】

[1] 索靖:见 96 页。

[2] 铜驼:铜铸的骆驼,多置于宫门寝殿之前。后以"铜驼荆棘"指山河残破、世族败落或人事衰颓。

[3] 曲端:宋镇戎军人,字正甫,南宋名将。

[4] 长吁:长叹。

[5] 铁象:骏马名,能日驰四百里。

和靖[1]梅妻　米颠石丈

林逋结庐于西湖之小孤山,隐居二十年,未尝足履城市。不娶无子,尝言妻梅子鹤[2]以自快云。

米元章[3]知无为军[4],见州廨[5]立石甚奇,命取袍笏[6]拜之,呼曰石丈。言事者闻而论之,朝廷传以为笑。或问米曰:"诚有是否?"米徐应曰:"吾何尝拜?揖[7]之耳。"

【注释】

[1] 和靖:林逋,字君复,北宋隐士。赐谥和靖先生。

[2] 妻梅子鹤:以梅为妻、以鹤为子。

[3] 米元章:米芾,字元章,号襄阳漫士、鹿门居士、海岳外史等,

北宋书法家。因曾官礼部员外郎,世称米南宫。

[4] 无为军:北宋太平兴国三年,以庐州巢县无为镇建军,领巢县、庐江二县,属淮南道。

[5] 州廨:州署。

[6] 袍笏:指官服。

[7] 揖:作揖。

二十三　梗

王允千里　黄宪万顷

后汉王允[1]家贫好学,郭林宗见而奇之曰:"王生有千里王佐[2]之才。"后任至司徒[3]。

黄宪[4]气量温厚,郭林宗称之曰:"如万顷之陂[5],澄之不清,淆之不浊。"

【注释】

[1] 王允:东汉大臣,太原祁人,字子师。

[2] 王佐:王者的辅佐,佐君成王业的人。

[3] 司徒:官名,东汉以丞相为司徒。

[4] 黄宪:东汉名士,汝南慎阳人,字叔度。

[5] 万顷之陂:非常广阔的湖泊,比喻人的度量宽广。

殷方祀灶　庞俭凿井

后汉殷子方[1]至孝。一日晨炊[2],见灶神[3],祀以黄牛,遂得巨富。女孙为光烈皇后[4]。

庞俭[5]幼失其父,随母流岭右[6]。凿井得铜,遂富。买一老奴,乃其父也,遂为夫妇如初。

【注释】

[1]殷子方：阴子方，西汉人，性至孝。宣帝时官至执金吾。

[2]晨炊：清晨做饭。

[3]灶神：旧俗供于灶上的神。传说灶神于农历腊月二十三日至除夕上天陈报人家善恶。

[4]光烈皇后：阴丽华，汉光武帝刘秀之妻。

[5]庞俭：东汉魏郡邺人，一说南阳人。后凿井得钱千余万。

[6]岭右：关于庞俭之事，不见有关岭右的记载，或是张岱误记。

文靖口匏　长孺骨鲠

李沆[1]，谥文靖。性直谅，颇通内典[2]，接宾客，寡言笑。时以谓"无口匏"[3]。

汲黯[4]，字长孺。性倨少礼，不容人过。景帝[5]时为太子洗马[6]，武帝时为谒者[7]，皆以严见惮[8]，目为骨鲠之臣[9]。

【注释】

[1]李沆：字太初，洺州肥乡人。北宋官员。

[2]内典：佛经。

[3]无口匏：没口葫芦。

[4]汲黯：见108页。

[5]景帝：汉景帝刘启。详见90页。

[6]太子洗马：辅佐太子，教太子政事、文理的官职。

[7]谒者：官名。始置于春秋、战国时，秦汉因之。掌宾赞受事，即为天子传达。

[8]以严见惮：因为严肃而被忌惮。

[9]骨鲠之臣：刚正直谏之臣。

・191・

苏井植橘　董林栽杏

晋苏耽[1]种橘凿井，以疗人疾，时病疫者令食橘叶、饮井水即愈，世号"橘井"[2]。

董奉[3]每治人病，病愈令种杏一株，遂成林。奉后成仙上升，名其地为杏林[4]。

【注释】

[1] 苏耽：又称苏仙公，桂阳人。一说苏耽为汉代人，汉文帝时得道。

[2] 橘井：喻孝事父母，或指仙丹妙药。葛洪《神仙传》："耽成仙临行时，母曰：'汝去，使我如何存活？'耽曰：'明年天下疾疫，庭中井水，檐边橘树，可以代养。井水一升，橘叶一枚，可疗一人。'来年果验。"

[3] 董奉：三国吴建安侯官人，字君异。有道术，传能驻颜。

[4] 杏林：后以"杏林"代指良医，并以"杏林春满"称颂医术高明。

二十五　有

赵孟疵面　田骈天口

晋赵孟[1]为尚书令，善清谈，面有疵点[2]，时人曰"诸事不识问疵面"。

齐田骈[3]好谈论，时人号"天口"，言不可穷尽，其口如天。

【注释】

[1] 赵孟：字长舒，善于清谈，有国士之风。

[2] 疵点：斑点。

[3] 田骈：或称陈骈。战国时齐国人，习黄老之学，齐宣王时至稷下讲学，长于论辩。

张凭理窟　裴頠谈薮

晋张凭[1]举孝廉，与同举至刘恢[2]家。恢清谈有所不满，凭于末座[3]判之，众皆折服，称曰："张凭谈事，寔为理窟[4]。"

晋裴頠[5]善谈论，时谓頠为"言谈林薮[6]"。

【注释】

[1] 张凭：东晋吴郡人，字长宗。有意气，善清言。

[2] 刘恢：南朝宋宗室，字景度。

[3] 末座：座次的末位。

[4] 理窟：义理的渊薮，谓富于才学。

[5] 裴頠：西晋河东闻喜人，字逸民，善清言。

[6] 林薮：山林与泽薮，比喻事物聚集的处所。

周瑜醇醪　吴祐杵臼

程普[1]尝以气陵[2]周瑜，瑜未尝有愠色[3]，承奉[4]愈谨。普自惭，投分[5]于瑜，曰："与公瑾交，如饮醇醪[6]，不觉自醉。"

公沙穆[7]游太学[8]，无资粮，乃变服客佣[9]，为吴祐[10]赁舂[11]。祐与语，大惊，遂定交于杵臼[12]之间。

【注释】

[1] 程普：右北平土垠人，字德谋。三国吴国将领。

[2] 陵：欺压。

[3] 愠色：怨怒的神色。

[4] 承奉：承命奉行。

[5] 投分：定交。

[6] 醇醪：醇酒。

[7] 公沙穆：东汉北海胶东人，字文乂，擅谶纬之学。

[8] 太学：国学。我国古代设于京城的最高学府。

[9] 客佣：在外乡为佣。

[10] 吴祐：东汉陈留长垣人，字季英。为官有治绩。

[11] 赁舂：受雇为人舂米。

[12] 杵臼：杵与臼。舂捣粮食或药物等的工具。

韦妃加袍　买臣露绶

韦绶[1]在翰林，德宗[2]常幸其院，韦妃[3]从幸。会绶方昼寝，时适大寒[4]，帝以妃蜀锦缬袍[5]覆之而去。

朱买臣[6]常从会稽守邸[7]者寄居饮食。及拜太守，衣故衣，步归郡邸。值上计[8]吏与众群饮，买臣入室，守邸与共食，适露其绶，守邸怪之，视其印文，乃会稽太守章也。一邸惊骇，趋前跪拜。

【注释】

[1] 韦绶：唐京兆万年人，字子章。

[2] 德宗：唐德宗李适，初期为政清明，以强明自任。

[3] 韦妃：唐德宗妃，京兆人。性淑敏，言无苟容，动必由礼，为德宗宠重。

[4] 大寒：酷寒，极冷。

[5] 蜀锦缬袍：用精美的蜀锦做的绣袍。

[6] 朱买臣：西汉会稽吴人，字翁子。

[7] 守邸：守卫官邸。

[8]上计：地方官于年终将境内户口、赋税、盗贼、狱讼等项编造计簿，遣吏逐级上报，奏呈朝廷，借资考绩，谓之上计。

明皇义竹　德宗瑞柳

唐明皇后苑竹丛茂密，帝谓诸臣曰："兄弟相亲，当如此竹。"因谓之义竹。

唐中书省[1]有古柳，一日枯死。德宗[2]自梁[3]还邸，柳复荣茂如故。时人谓之"瑞柳"。

【注释】

[1]中书省：为秉承君主意旨，掌管机要、发布皇帝诏书、中央政令的最高机构。

[2]德宗：唐德宗李适。

[3]梁：梁州，即如今的陕西汉中。

新息贾父　南阳杜母

贾彪[1]为新息[2]令，小民贫困，多不举[3]子。彪严禁之，犯者与杀人同罪。数年间人家养子以千数，曰："此贾父之所生也。"皆名之为贾。

杜诗[4]为南阳守，性节俭而政清平。南阳人为之谣曰："前有召父[5]，后有杜母。"前召信臣亦为南阳守。

【注释】

[1]贾彪：东汉名士，学者。字伟节，颍川定陵人。

[2]新息：县名，今河南省息县。

[3]不举：不抚养。

[4]杜诗：东汉河内汲人，字君公。

[5]召父：西汉召信臣。九江寿春人，字翁卿。勤政爱民，故而民众称其为父。

蔡襄嗅茶　刘伶戒酒

蔡襄[1]嗜茶无度，老而有疾，茶入口即心战[2]，但瀹[3]名茶置案头，时时嗅之。

刘伶病酒[4]，其妻劝其节饮。伶命具酒食，誓神受戒[5]。伶跪祝曰："天生刘伶，以酒为名。一饮一斛，五斗解酲[6]。妇人之言，慎不可听。"便引酒进肉，隗然[7]已醉。

【注释】

[1]蔡襄：字君谟，兴化仙游人。北宋书法家、文学家、政治家和茶学家。

[2]心战：心头战栗。

[3]瀹：煮。

[4]病酒：饮酒沉醉。

[5]受戒：受训戒。

[6]解酲：醒酒。

[7]隗然：颓然，醉倒的样子。

王导牛奔　季常狮吼

王导以别馆[1]畜[2]妾，闻夫人将持刀寻讨[3]，导飞辔[4]出门，左手攀车栏，右手提麈尾[5]柄打牛，牛忙奔至馆，藏其妾䑍[6]于邻右[7]。

陈季常[8]妻柳氏悍妒，客至，或闻其诟詈[9]声。东坡作诗戏之曰："谁似龙丘居士贤，谈空说有夜不眠。

忽闻河东狮子吼[10]，拄杖落手心茫然。"

【注释】

[1] 别馆：别墅。

[2] 畜：蓄养。

[3] 寻讨：寻找。

[4] 飞辔：疾驰。

[5] 麈尾：古人闲谈时执以驱虫、掸尘的一种工具。后古人清谈时必执麈尾，相沿成习，为名流雅器，不谈时亦常执在手。

[6] 妾媵：古代诸侯贵族女子出嫁，以姪娣从嫁，称媵。后因以"妾媵"泛指侍妾。

[7] 邻右：邻居。

[8] 陈季常：陈慥，宋眉州青神人，字季常，号龙丘居士。少时慕朱家、郭解为人，使酒好剑，尝与苏轼论兵及古今成败，自谓一世豪士。稍壮，折节读书，欲以此驰骋当世，然终不遇。晚年隐居不出。

[9] 诟詈：责骂。

[10] 河东狮吼：河东是柳姓的郡望，暗指陈妻柳氏；狮子吼，佛家以喻威严，陈慥好谈佛，故东坡借佛家语以戏之。后用以比喻妒悍的妻子发怒，并借以嘲笑惧内的人。

令公大人　邺侯小友

郭令公[1]以单骑赴回纥[2]营，因与和好。诸酋长[3]皆大喜曰："向以巫师言此行甚安稳，不与唐战，见一大人[4]而还。今果然矣。"

李邺侯[5]七岁能文，张曲江[6]呼为小友[7]。读书衡山[8]，遇懒残禅师[9]，往彼问道，师拨灰中煨芋[10]以啖之，抚其背曰："不必多言，领取十年宰相。"

【注释】

[1] 郭令公：郭子仪，华州郑县人，唐代名将、政治家、军事家。官至中书令，故称令公。

[2] 回纥：我国古代西北方少数民族名。

[3] 酋长：部落的首领。

[4] 大人：在高位者，如王公贵族。

[5] 李邺侯：唐代名相李泌。详见15页。

[6] 张曲江：唐代名相张九龄。

[7] 小友：年长者对所敬佩的年轻者的称呼。

[8] 衡山：古称南岳，为五岳之一，位于湖南中部偏东南部。

[9] 懒残禅师：即明瓒禅师，唐代高僧。

[10] 煨芋：烧芋头。后因以"煨芋"为典，多指方外之遇。

应仲侩牛　樊哙屠狗

后汉王应仲[1]遭乱不出，侩牛[2]自隐。时人为之语曰："避世墙东王君公。"

樊哙[3]，沛人。其妻为吕后之妹，椒房亲[4]也，微时以屠狗为业。高帝会鸿门[5]，脱帝于难。后封舞阳[6]侯。

【注释】

[1] 王应仲：即王君公，东汉平原人。明《易》，晓阴阳。屡次言事，不用，乃归隐。

[2] 侩牛：谓从中撮合牛的买卖，后因用以泛指隐居生活。

[3] 樊哙：出生于沛，西汉开国元勋，官至大将军、左丞相，著名军事统帅，吕后妹夫。早年曾以屠狗为业，曾于鸿门宴营救汉高祖刘邦，使刘邦得以脱险。

[4]椒房亲：指皇帝的姻亲。椒房，殿名，皇后所居。

[5]鸿门：古地名。在今陕西临潼东。楚汉相争，项羽驻军并会宴刘邦于此。

[6]舞阳：今河南省舞阳县。

伯伦荷锸[1] 摩诘缚帚

刘伶字伯伦，常以锸自随，曰："死即埋我。"人称其达。

王摩诘[2]好洁，其居辋川[3]，地不容纤尘。日有十数帚扫治，专使两僮缚帚[4]，有时不给[5]。

【注释】

[1]荷锸：背着铁锹。后成为狂傲放诞的典故。

[2]王摩诘：王维，字摩诘，号摩诘居士，河东蒲州人，祖籍山西祁县。唐朝著名诗人、画家。

[3]辋川：水名。即辋谷水。诸水会合如车辋环凑，故名。在陕西省蓝田县南。

[4]缚帚：制作扫帚。

[5]不给：来不及。

王粲独步 曹植八斗

魏王粲[1]字仲宣，避京师[2]之乱，往荆州。曹子建[3]与杨德祖[4]书曰："仲宣独步于汉南[5]。"

谢灵运[6]尝云："天下才共有一石[7]，曹子建独有八斗，我得一斗，自古及今同用一斗。奇才敏捷，安有继之？"

【注释】

[1] 王粲：见156页。

[2] 京师：都城，指洛阳。

[3] 曹子建：曹植，字子建，沛国谯县人，三国时期著名文学家，建安文学的代表人物。

[4] 杨德祖：杨修，字德祖，司隶弘农郡华阴人，出身世代簪缨之家，太尉杨彪之子。

[5] 汉南：指汉水南岸。

[6] 谢灵运：出生于会稽始宁，为东晋名将谢玄之孙，南北朝时期杰出的诗人、佛学家。

[7] 一石：容量单位，等于十斗。一斗等于十升。

去 声

一 送

阙里[1] 泣麟[2]　楚狂悲凤

孔子在娠[3]，有麟吐玉书[4]于阙里，其文曰："水精[5]之子孙，系衰周而素王[6]。"孔母以绣绂[7]系麟而去。至鲁定公[8]时，西狩[9]获麟，其绂犹在角也。孔子知命之将终，抱麟解绂，泗涕[10]滂沱。

楚狂名接舆[11]，好养性，躬耕[12]以食，隐于西蜀之峨眉山[13]，曾作《凤兮》[14]之歌以悲孔子。

【注释】

[1] 阙里：孔子故里。在今山东曲阜城内阙里街。因有两石阙，故名。

[2] 泣麟：《春秋公羊传·哀公十四年》："十有四年，春，西狩获麟……麟者，仁兽也。有王者则至，无王者则不至。有以告者，曰：'有麏而角者'。孔子曰：'孰为来哉！孰为来哉！'反袂拭面，涕沾袍。"又："西狩获麟。孔子曰：'吾道穷矣。'"何休注："麟者太平之符，圣人之类，时得麟而死，此亦天告夫子将没之征，故云尔。"后以"泣麟"为哀叹悲泣世衰道穷之典。

[3] 在娠：在娘胎里。

[4] 玉书：表示祥瑞的书简。

[5] 水精：辰星，意孔子生来非凡。

[6] 素王：犹空王。谓具有帝王之德而未居帝王之位者。

[7] 绣绂：华美的丝带。

[8] 鲁定公：春秋时鲁国国君。名宋。昭公之弟。

[9] 西狩：鲁哀公十四年在大野狩猎获麒麟。孔子作《春秋》，至此而绝笔。

[10] 泗涕：鼻涕和眼泪。

[11] 接舆：春秋楚隐士，佯狂不仕。

[12] 躬耕：亲身从事农业生产。

[13] 峨眉山：山名，在今四川省乐山市西。

[14] 凤兮：诗见《论语·微子》："楚狂接舆歌而过孔子，曰：'凤兮凤兮，何德之衰。往者不可谏，来者犹可追。已而已而，今之从政者殆而！'孔子下，欲与之言，趋而辟之，不得与之言。"

苏武雁书[1]　庄周蝶梦

苏武牧羝海上，汉使求之，匈奴诡言武死。后常惠[2]教使者言帝上林射雁，雁足有书，言苏武在某泽上。匈奴不能隐，遂释武归汉。

庄周[3]梦为蝴蝶[4]，栩栩然[5]蝴蝶也，自喻适志与！不知周也。俄然觉，则蘧蘧然[6]周也。不知周之梦为蝴蝶与，蝴蝶之梦为周与？周与蝴蝶必有分矣，此之为物化[7]。

【注释】

[1] 雁书：后指书信。

[2] 常惠：西汉太原人。家贫，武帝天汉元年，自奋应募，随苏武出使匈奴，被留十馀年。

[3] 庄周：见20页。

[4] 梦为蝴蝶：后以"蝶梦"喻迷离惝恍的梦境。

[5] 栩栩然：欢喜自得貌。

[6] 蘧蘧然：悠然自得貌。

[7] 物化：事物的变化。

四　寅

女娲补天　长房缩地[1]

盘古[2]时天倾西北[3]，女娲[4]氏炼五色石以补天[5]。

费长房遇壶公[6]，入壶中，得竹二竿，乘竹到家，地远千里，能缩之使近。到家后投竹于葛陂[7]，化为龙去。

【注释】

[1] 缩地：传说中化远为近的神仙之术。

[2] 盘古：神话中开天辟地首出创世的人。《太平御览》卷二引三国吴徐整《三五历记》："天地混沌如鸡子，盘古生其中。万八千岁，天地开辟，阳清为天，阴浊为地。盘古在其中，一日九变，神于天，圣于地。天日高一丈，地日厚一丈，盘古日长一丈，如此万八千岁，天数极高，地数极深，盘古极长，后乃有三皇。"

[3] 天倾西北：《列子·汤问》："故昔者女娲氏炼五色石以补其阙，断鳌之足以立四极。其后共工氏与颛顼争为帝，怒而触不周之山，折天柱，绝地维；故天倾西北，日月辰星就焉；地不满东南，故百川水潦归焉。"

[4] 女娲：神话传说中人类的始祖。传说她曾用黄土造人，炼五色石补天。

[5] 补天：《淮南子·览冥训》："往古之时，四极废，九州裂，天不兼覆，地不周载……于是女娲炼五色石以补苍天，断鳌足以立四极。"

[6] 壶公：传说中的仙人。

[7] 葛陂：湖泊名。在今河南新蔡县西北七十里。

杜康造酒　仓颉制字

周杜康[1]，古人始造酒者。魏武曰："何以解我忧，惟有杜康酒。"[2]

仓颉[3]观鸟兽之文[4]，制字造书契[5]。

【注释】

[1] 杜康：传说为最早造酒的人，后亦以杜康指酒。

[2] 何以解我忧，惟有杜康酒：按，曹操《短歌行》："何以解忧，唯有杜康。"

[3] 仓颉：古代传说中文字创造者。

[4] 文：纹路。

[5] 书契：指文字。陆德明《经典释文》："书者，文字。契者，刻木而书其侧。"

泰山玉简　宛委石匮

泰山上有金箧玉策[1]，能知人年寿修短[2]。汉武帝探策，得"十八"，倒读曰"八十"，后寿果八十。

宛委山[3]在会稽禹穴[4]之前，上有石匮[5]，大禹发之，得赤圭[6]如日，碧圭如月，内藏金简玉字之书，以告禹治水之法。

【注释】

[1] 金箧玉策：传说中的仙书。

[2] 修短：长短。

[3] 宛委山：山名。《史记·太史公自序》张守节《正义》引唐李泰

《括地志》："石箐山，一名玉筍山，又名宛委山，即会稽山一峰也，在会稽县东南十八里。"

[4] 禹穴：指会稽宛委山。相传禹于此得黄帝之书而复藏之。

[5] 石匮：石制的柜子。

[6] 圭：古玉器名。长条形，上端作三角形，下端正方。

李泌白衣　韩信赤帜

唐肃宗[1]与李泌行军，军士指之曰："衣黄者圣人[2]，衣白者山人[3]。"帝闻之以告泌，曰："艰难之际不敢相屈以官，且衣紫袍[4]以绝群疑。"泌不得已，受之。

韩信伐赵[5]，兵至井陉口[6]，夜发轻骑二千人，人持一赤帜，从间道登萆山[7]，诫之曰："赵见我走，必空壁[8]逐我。若疾入，拔赵帜，立汉赤帜。"信诈败，赵果空壁逐之。及还，见壁尽赤帜，惊惶乱走。信还击之，大败。

【注释】

[1] 唐肃宗：李亨，唐朝皇帝，玄宗第三子。

[2] 圣人：对皇帝的尊称。

[3] 山人：指仙家、道士之流。

[4] 紫袍：紫色朝服，高官所穿。

[5] 赵：即赵歇，战国末赵贵族，公元前208年，被张耳、陈馀立为赵王。

[6] 井陉口：要隘名。九塞之一。故址在今河北省井陉县北井陉山上。

[7] 萆山：即抱犊山，位于今河北省石家庄市西。

[8] 空壁：谓守兵尽出营垒。

柳妻丸熊　陶母截发

柳公绰[1]妻韩氏尝粉[2]苦参、黄莲,和熊胆为丸,赐其子仲郢[3]等,夜读含之,以资勤苦。

陶侃[4]孤贫,孝廉范逵[5]过访,仓卒[6]无以款待。母湛氏截发以易酒,彻所卧草荐,剉[7]以喂马。逵见庐江守张夔[8]称之,召侃为枞阳[9]令。

【注释】

[1]柳公绰:京兆华原人,字宽,又字起之。唐代大臣、书法家。

[2]粉:磨成粉。

[3]仲郢:柳仲郢,唐京兆华原人,字谕蒙。柳公绰子。

[4]陶侃:东晋名将,庐江浔阳人,字士行。

[5]范逵:东晋鄱阳人,向张夔举荐了陶侃。

[6]仓卒:匆忙。

[7]剉:铡切。

[8]张夔:西晋初人。识陶侃于微时,屡加荐举。

[9]枞阳:县名。今在安徽省。

谢玄佩囊　魏舒襆被

谢玄[1]少时好佩紫香囊,叔大傅[2]恶之,而不欲伤其意,姑戏赌取,焚之。玄悟,遂不复佩。

晋魏舒[3]为尚书郎,时欲沙汰[4]郎官[5],非其才者罢之。舒曰:"我即其人也。"襆被[6]而出。同僚素无清问者[7]咸有愧色。

【注释】

[1]谢玄:东晋名将。陈郡阳夏人,字幼度。

[2]大傅:"大"当作"太",这里指太傅谢安,字安石,陈郡阳夏人,东晋政治家、名士。

[3]魏舒:西晋任城樊人,字阳元,颇有才干。

[4]沙汰:淘汰。

[5]郎官:谓侍郎、郎中等职。

[6]襆被:用包袱裹束衣被,意为整理行装。

[7]素无清问者:向来没有清誉的人。

柳篋书箧　边韶经笥

唐柳粲[1]迁左拾遗[2],公卿竞托为笺奏[3],时誉日富,以其博学,号"柳篋子"。

后汉边韶[4]门多弟子,尝昼寝,弟子嘲曰:"边孝先,腹便便[5]。懒读书,只好眠。"韶应之曰:"腹便便,五经笥。只好眠,思经史。"

【注释】

[1]柳粲:柳璨,唐京兆华原人,字炤之。

[2]左拾遗:官名。为皇帝提供咨询建议,主要职责是弥补皇帝的政策决策失误。

[3]笺奏:古代文书的一种,属章奏一类。

[4]边韶:东汉陈留浚仪人,字孝先,以文章知名。

[5]便便:腹部肥满貌。

秦桧膝刀[1]　霍光背刺

秦桧死,高宗[2]谓侍臣曰:"朕今日始得免于护膝中带尖刀矣。"

汉宣帝[3]谒高祖庙,霍光[4]骖乘[5],上严惮之,若有芒刺[6]在背。

【注释】

[1] 膝刀：此指宋高宗平日提防秦桧谋反，需要藏兵刃于身。

[2] 高宗：宋高宗赵构。

[3] 汉宣帝：刘询，西汉皇帝。初名病已，字次卿。

[4] 霍光：西汉河东平阳人，字子孟。西汉中叶权臣，政治家，名将霍去病的异母弟。

[5] 骖乘：陪乘。

[6] 芒刺：草木茎叶、果壳上的小刺。后以"如芒在背"形容极度不安。

六　御

季辅钟乳　宋璟金箸

唐太宗时中书舍人高季辅[1]上封事[2]，特赐钟乳[3]一剂，曰："卿进药石之言，故以药石报之。"

宋璟[4]为宰相，朝野归心。时侍御宴，帝以所用金箸赐之曰："非赐卿箸，以表直也。"

【注释】

[1] 高季辅：唐德州蓨人，名冯，以字行，善评鉴人物。

[2] 封事：密封的奏章。古时臣下上书奏事，防有泄漏，用皂囊封缄，故称。

[3] 钟乳：钟乳石，古时用以入药。

[4] 宋璟：唐代邢州南和人，善于守法持正。开元年间为相，有贤名，和姚崇并称姚、宋。

赵立用钳　孙揆易锯

杜充[1]守建康[2]，命赵立[3]会兵楚州[4]，凡七破贼。立中箭镞，入舌下，坚不可取，命医以铁钳破齿凿骨纽[5]去，移时乃出，流血盈襟。左右毛发皆竦，立神色不变。

孙揆[6]为京兆尹[7]，昭宗[8]讨李克用[9]，授揆节度使[10]，以本道[11]兵会战。克用伏兵执揆，胁之降，不屈。克用怒，命以锯解[12]之，锯齿不行，揆骂曰："死狗奴，解人当夹以板。"行刑者从之，詈声[13]不绝而死。

【注释】

[1]杜充：相州人，字公美，两宋之际大臣，南宋初年宰相，后降金国。

[2]建康：地名，即今南京。

[3]赵立：徐州人，勇武过人，以战功为武卫都虞候，南宋初年抗金英雄。

[4]楚州：地名，今江苏淮安。

[5]骨纽：骨节。

[6]孙揆：唐博州武水人，字圣圭。

[7]京兆尹：管辖京都地区的行政长官。

[8]昭宗：唐昭宗李晔。

[9]李克用：唐末西突厥沙陀部人，本姓朱邪，字翼圣，定襄郡神武川新城人，唐末割据军阀。后唐庄宗李存勖之父。

[10]节度使：官名。唐初沿北周及隋旧制，于重要地区设总管，后改称都督，总揽数州军事。唐睿宗景云二年，贺拔延嗣为凉州都督，充河西节度使，自此始有节度使之号。其初，仅于边地有之，安史之乱后

遍设于国内。一节度使统管一道或数州，总揽军、民、财政。

[111] 道：地域的区划名。贞观初年，唐太宗将天下分为十道，开元年间，唐玄宗分全国为十五道。

[12] 解：肢解。

[13] 詈声：骂声。

朱博乌台　萧芝雉署

汉朱博[1]为御史大夫，府中有一柏树，尝有野乌栖集其上，朝去暮来，因号曰乌台[2]，亦名柏台。

萧芝[3]至孝，除尚书郎，有雉数十饮啄[4]止宿于其署前，出郊则于其车前飞鸣旋绕。

【注释】

[1] 朱博：西汉京兆杜陵人，字子元，任侠好交。其治敢诛杀，常以奇谲服人。

[2] 乌台：后因称御史府为"乌台"。

[3] 萧芝：字世英，西晋初大臣。扶风郿人。

[4] 饮啄：饮水啄食。

桓典避马　王遵叱驭

桓典[1]为御史[2]，常乘骢马[3]。时人曰："行行[4]且止，可避骢马御史。"

王遵[5]为益州刺史，过九折坂[6]，叱驭[7]曰："王阳[8]为孝子，王遵为忠臣。"前王阳至九折坂，叹曰："奈何以先人遗体乘此危险？"因而回家。

【注释】

[1] 桓典：字公雅，东汉沛国龙亢人，经学大师桓荣五世孙。

[2] 御史：官名，其职衔累有变化，秦汉御史主掌纠弹。

[3] 骢马：青白色相杂的马，后指御史所乘之马或借指御史。

[4] 行行：不停地前行。

[5] 王遵：应作"王尊"，西汉涿郡高阳人，字子赣。历任县令、郡太守、部刺史、王国相、京兆尹等。

[6] 九折坂：曲折险峻的山路。

[7] 叱驭：汉琅琊王阳为益州刺史，行至邛崃九折阪，叹曰："奉先人遗体，奈何数乘此险！"因折返。及王尊为刺史，"至其阪……尊叱其驭曰：'驱之！王阳为孝子，王尊为忠臣。'"见《汉书·王尊传》。后因以"叱驭"为报效国家，不畏艰险之典。

[8] 王阳：之前的益州刺史，见九折坂而折回。

七　遇

贾生宣室　孔光温树

汉文帝[1]思贾谊[2]，征之入见。上方受釐[3]宣室[4]，因问鬼神之本，谊具道所以然之故，至夜分，帝前席[5]听之。

孔光[6]为人谨饬[7]，与人言，不及朝省政事。或问温室[8]省中所植何树，光不应，答以他语。

【注释】

[1] 汉文帝：见73页。

[2] 贾谊：洛阳人，西汉初年著名政论家、文学家，世称贾生。

[3] 受釐：汉制祭天地五畤，皇帝派人祭祀或郡国祭祀后，皆以祭馀之肉归致皇帝，以示受福，叫受釐。

[4] 宣室：古代宫殿名。指汉代未央宫中之宣室殿。

[5] 前席：谓欲更接近而移坐向前。

[6] 孔光：字子夏，鲁国人。孔子十四代孙，中国西汉大臣。

[7] 谨饬：谨慎自饬。

[8] 温室：宫殿名。《三辅黄图》："温室殿，武帝建，冬处之温暖也。《西京杂记》曰：'温室以椒涂壁，被之文绣，香桂为柱，设火齐屏风，鸿羽帐，规定以罽宾氍毹。'"

道济长城　寇准孤注

南北朝檀道济[1]立功两朝，威名甚重。朝廷疑畏，下诏诛之。道济见收，愤怒，目光如炬，脱帻[2]投地曰："乃坏汝万里长城[3]。"

寇莱公[4]劝帝亲征，以成澶渊[5]之功。王钦若谮之曰："城下之盟[6]，《春秋》[7]耻之，澶渊之举，寇准以陛下为孤注[8]耳。"

【注释】

[1] 檀道济：高平金乡人。东晋末年名将，南朝宋开国元勋。

[2] 帻：头巾。

[3] 万里长城：比喻国家所依赖的屏障。

[4] 寇莱公：见97页。

[5] 澶渊：古县名。故城在今河南省濮阳市。

[6] 城下之盟：敌人兵临城下时被迫接受的屈辱盟约。

[7] 春秋：编年体史书名，相传为孔子编订。所记起于鲁隐公元年，止于鲁哀公十四年，凡二百四十二年。

[8] 孤注：谓把所有的钱并作一次赌注。比喻仅存的可资凭借的事物。

张堪两岐　廉范五裤

汉张堪[1]为渔阳[2]太守，击匈奴，开稻田千万顷，劝农致殷富。百姓歌曰："桑无附枝[3]，麦秀两岐[4]。张公为政，乐不可支。"

汉廉范[5]为蜀郡太守，除火禁[6]。百姓便之，歌曰："廉叔度，来何暮？不禁火，民安作。昔无襦[7]，今五裤[8]。"

【注释】

[1]张堪：南阳宛人，字君游。东汉大臣，文武兼备。

[2]渔阳：地名，在今北京市密云县。

[3]附枝：树木的分枝。

[4]麦秀两岐：指麦子特出。麦秀，麦子秀发而未实。两岐，分两支。此为称颂地方官吏改善农业有方，民乐年丰。

[5]廉范：东汉京兆杜陵人，字叔度。

[6]火禁：防火的禁令。

[7]襦：短衣。

[8]五裤：后遂以此作为称颂地方官吏施行善政之词。

羊孚雪赞　张融海赋

羊孚[1]作《雪赞》云："资清以化，乘气以霏。遇象能鲜，即洁成辉。"桓胤[2]遂以书扇。

张融[3]作《海赋》，徐凯之[4]曰："卿此赋寔超玄虚，但不道盐耳。"

【注释】

[1]羊孚：字子道，泰山南城人，羊续的第六代孙。

[2] 桓胤：东晋谯国龙亢人，字茂远。少有清操，以恬退见称。

[3] 张融：南朝齐吴郡吴人，字思光。善言谈，长草书，举止怪诞。

[4] 徐凯之：南朝齐镇军将军。

八 霁

书绩旂常　勒铭带砺

周穆王[1]命君牙[2]曰："惟乃祖乃父服劳王家，厥有成绩，纪于太常[3]。"太常者，王之旌旂也，有功者书焉以求显也。

汉高帝定天下，剖符[4]封功臣，刓[5]白马而铭之，封爵之誓曰："使黄河如带，泰山如砺[6]，国以永存，爰[7]及苗裔[8]。"

【注释】

[1] 周穆王：西周国君，姬姓，名满。周穆王是中国古代历史上最富于传奇色彩的帝王之一，世称"穆天子"。

[2] 君牙：西周人，穆王时大司徒。

[3] 太常：古代旌旗名。《尚书·君牙》："厥有成绩，纪於太常。"孔传："王之旌旗，画日月曰太常。"

[4] 剖符：古代帝王分封诸侯、功臣时，以竹符为信证，剖分为二，君臣各执其一，后因以"剖符"为分封、授官之称。

[5] 刓：挖。

[6] 黄河如带，泰山如砺：国基坚固，国祚久长之意。后因以"带砺"为受皇家恩宠，与国同休之典。

[7] 爰：于是。

[8] 苗裔：子孙后代。

男子悬弧　女人设帨

古礼，男子生，悬弧[1]于门左；女子生，设帨[2]于门右。三日始负子，使人代射，以桑弧蓬矢[3]射天地四方，示将有事于天下也；女子示有佩服[4]以事人，故止设帨不用弧矢也。

【注释】

[1]悬弧：古代风俗尚武，家中生男，则于门左挂弓一张，后因称生男为悬弧。

[2]设帨：古礼，女子出生，挂佩巾于房门右。

[3]桑弧蓬矢：古时男子出生，以桑木作弓，蓬草为矢，射天地四方，象征男儿应有志于四方。后用作勉励人应有大志之辞。

[4]佩服：佩挂。

端木辞金　钟离委币

鲁国之法，赎人[1]臣妾于诸侯者，皆取金于府。子贡赎之，不受金。孔子曰："赐失之矣。赎人受金谓之不廉，自今已后，鲁国不复赎人于诸侯矣。"

汉钟离意[2]为尚书，时交趾太守坐赃[3]，以资币颁赐群臣。意委地[4]不拜，帝问之，对曰："孔子忍渴于盗泉[5]之水，鲁参回车于胜母[6]之间，恶其名也。"帝嗟叹称善。

【注释】

[1]赎人：赎身。

[2]钟离意：东汉会稽山阴人，字子阿，敢于谏诤。

[3]坐赃：犯贪污罪，判贪污罪。

[4] 委地：蜷伏于地。

[5] 盗泉：古泉名。故址在今山东省泗水县东北。《尸子》曰："孔子至于胜母，暮矣而不宿，过于盗泉，渴矣而不饮，恶其名也。"

[6] 胜母：古地名。司马贞《史记索隐》："《淮南子》及《盐铁论》并云里名胜母，曾子不入，盖以名不顺故也。"

田真紫荆　窦仪丹桂

田真[1]、田广、田庆兄弟同居，庭前紫荆[2]茂盛。后议分析[3]，树即枯死。兄弟感此，不复议分，树乃茂盛如故。

燕山[4]窦禹钧[5]生五子，皆登显要，乡人颂曰："燕山窦十郎，教子有义方[6]。灵椿[7]一株老，丹桂[8]五枝芳。"

【注释】

[1] 田真：西汉京兆人，与弟田庆、田广三人分财。

[2] 紫荆：后用"紫荆"为有关兄弟之典故。

[3] 分析：分家。

[4] 燕山：指天津市蓟县。

[5] 窦禹钧：五代后晋蓟州人，教子有方。

[6] 义方：行事应该遵守的规范和道理。

[7] 灵椿：比喻父亲。

[8] 丹桂：比喻优秀的子嗣。

严续爱姬　延明快婿

唐严续[1]相公歌姬,唐镐[2]给事[3]通天犀[4]带,皆一代尤物。因出姬解带呼卢[5],唐采[6]大胜,乃酌酒,命美人歌一曲而别,严慨然与之。

后魏刘延明[7]年十四,就博士郭瑀[8]学,弟子五百人。瑀有女选婿,意在延明,设一席曰:"吾有女,欲觅一快婿[9],谁坐此者?"延明奋衣[10]而坐,曰:"延明其人也。"瑀遂妻之。

【注释】

[1]严续:南唐中主、后主两朝同平章事。字兴宗,同州人。

[2]唐镐:五代时人,仕南唐。历官给事中。

[3]给事:给事中,官名。侍从皇帝左右,备顾问应对,参议政事,因执事于殿中,故名。

[4]通天犀:一种上下贯通的犀牛角。

[5]呼卢:谓赌博。

[6]唐采:即唐镐的彩头。

[7]刘延明:刘炳,北魏敦煌人,字延明,号玄处先生。后魏,即北魏。

[8]郭瑀:十六国时敦煌人,字元瑜。通经艺,多才艺,善属文。

[9]快婿:称心如意的女婿。

[10]奋衣:将身上的衣服抖伸。

台骀降灾　伯有为厉

郑使子产[1]问晋平公[2]疾,平公曰:"卜者言实沈[3]、台骀[4]为祟。史官不识,敢问。"子产曰:"高辛氏有子曰实沈，为参神。金天氏有子曰台骀，为洮神[5]。二者不能为君害。若君疾，则饮食、哀乐、女色所生也。"平公曰："博物[6]君子也。"厚礼之。

郑子晳[7]杀伯有[8]，伯有为厉[9]。赵景子[10]谓子产曰："伯有犹能为厉乎？"子产曰："能。匹夫匹妇死于非命，其魂魄犹能凭依于人，以为淫厉[11]。况伯有三世执其政柄，而今强死，其能为鬼，不亦宜乎？"

【注释】

[1] 子产：郑氏，字子产，春秋时期郑国人，郑穆公之孙，法家先驱。

[2] 晋平公：春秋时晋国国君，名彪。

[3] 实沈：古代神话谓高辛氏的季子名实沈，是参宿之神。高辛氏，即帝喾，远古帝王。

[4] 台骀：传说中远古时人，为金天氏后代，世为水官之长。台骀修通汾、洮二水，后世尊为汾水之神。金天氏，即少昊，远古帝王。

[5] 洮神：洮水之神。

[6] 博物：博学。

[7] 郑子晳：即公孙胖，郑大夫。

[8] 伯有：春秋时郑大夫良霄的字。

[9] 厉：厉鬼。

[10] 赵景子：嬴姓，赵氏，名成，谥景。故史称赵景子。春秋时期晋国卿。

[11] 淫厉：祸害。

九 泰

峄山孤桐　孔庙枯桧

峄山孤桐在峄县峄山之上，自三代以来，止存一截。天启[1]年间妖贼倡乱，取以作爨[2]。

曲阜孔庙有孔子手植桧[3]一株，有干无枝，纹皆左纽[4]，坚如金铁，有圣人[5]生，则发一枝以占世运[6]。

【注释】

[1] 天启：明熹宗朱由校在位时的年号。

[2] 作爨：用来烧火做饭。

[3] 桧：常绿乔木，木材桃红色，有香气，可作建筑材料。亦称"刺柏"。

[4] 左纽：左旋。

[5] 圣人：品德最高尚、智慧最高超的人。

[6] 占世运：推算时代的气运。

杨震集鳣　文仲居蔡

杨震聚徒讲学，有雀衔三鳣[1]集讲堂前。其徒曰："鳣者，卿大夫服之象也。数三者，三台[2]也。先生自此升矣。"果如其言。

蔡，大龟也。臧文仲[3]居之，画山于节[4]，绘藻于棁[5]。孔子以其惑媚[6]鬼神，讥其不知。

【注释】

[1] 鳣：鲟鳇鱼。

[2] 三台：汉因秦制，以尚书为中台，御史为宪台，谒者为外台，合称三台。后指三公。

[3] 臧文仲：臧孙辰，字文仲，春秋时鲁国人。正卿。历事庄公、闵公、僖公、文公四君。

[4] 节：关节。

[5] 棁：梁上短柱。

[6] 惑媚：迷惑。

嵇吕命驾　程孔倾盖

晋嵇康与吕安友善，每省[1]相思，千里命驾[2]。《家语》[3]："孔子之[4]剡[5]，遇程子[6]于途，倾盖[7]而语，终日不倦。顾谓子路[8]曰：'取束帛以赠先生。'"

【注释】

[1] 省：感到。

[2] 命驾：动身。

[3] 家语：《孔子家语》的省称。儒家类著作。原书二十七卷，今本为十卷，共四十四篇。是一部记录孔子及孔门弟子思想言行的著作。

[4] 之：往。

[5] 剡：应作"郯"。地名，在中国山东省。

[6] 程子：原名程本，字子华，春秋时期邢地中丘人，先秦诸子百家之一，著名哲学家。

[7] 倾盖:车上的伞盖靠在一起。司马贞《史记索隐》引《志林》曰："倾盖者，道行相遇，軿车对语，两盖相切，小欹之，故曰倾。"

[8] 子路：见139页。

鱼弘四尽　周处三害

梁鱼弘[1]尝语人曰:"我为郡有四尽:水中鱼鳖尽,山中麋鹿尽,田中米谷尽,村中人庶[2]尽。"

晋周处[3]纵情肆欲[4],忤[5]众人意,尝曰:"里中有三害:南山白额虎、长桥下黑蛟,并处为三。"处于是杀虎斩蛟,从学于陆机[6],改行为善,三害并除。

【注释】

[1]鱼弘:南朝梁襄阳人。生活侈靡,侍妾百余人,金翠、服玩、车马,皆穷一时之绝。

[2]人庶:百姓。

[3]周处:西晋吴郡阳羡人,字子隐。少时横行乡里,后发愤改过,射虎杀蛟,励志好学,传为美谈。

[4]肆欲:任情。

[5]忤:违背。

[6]陆机:见94页。

十　卦

星生芒角　气降沆瀣

彗星曰长星[1],亦曰欃枪[2],芒角四射者曰孛,芒角长如帚曰彗,极长者曰蚩尤旗[3]。

沆瀣[4],夜半气从西北方起者谓之沆瀣,此天地至清之气也。

【注释】

[1] 长星：彗星的别名。《汉书·文帝纪》："〔八年〕有长星出于东方。"颜师古注引文颖曰："孛、彗、长三星，其占略同，然其形象小异……长星光芒有一直指，或竟天，或十丈，或三丈，或二丈，无常也。大法，孛、彗星多为除旧布新，火灾，长星多为兵革事。"

[2] 欃枪：彗星的别名。古人认为是凶星，主不吉。《尔雅·释天》："彗星为欃枪。"郭璞注："亦谓之孛，言其形孛，孛似扫彗。"

[3] 蚩尤旗：彗星的别名。《吕氏春秋·明理》："有其状若众植华以长，黄上白下，其名蚩尤之旗。"

[4] 沆瀣：夜间的水气，露水。旧谓仙人所饮。

韦贤满籯　夏侯拾芥

前汉韦贤[1]以丞相致仕，教子成名，亦至丞相。贤曰："遗子黄金满籯[2]，不如教子一经。"

夏侯胜[3]读《尚书·洪范传》，号称名儒。尝云："士病不明经[4]，士若明经，取青紫[5]如拾芥[6]耳。"

【注释】

[1] 韦贤：西汉大臣，字长孺。鲁国邹人。性质朴，善求学。

[2] 籯：竹笼。

[3] 夏侯胜：西汉学者，东平人，字长公。为今文《尚书》学大夏侯学开创者。

[4] 明经：通晓儒家经典。

[5] 青紫：本为古时公卿绶带之色，因借指高官显爵。

[6] 如拾芥：容易得如拾芥子一样。形容成事极易。

十一 队

管仲射钩　范增举佩

管仲将兵遮莒[1]道,射桓公中带钩[2]。后鲁桎梏[3]管仲,送于齐桓公,忘其仇,举以为相。管仲谓桓公曰:"愿君无忘射钩,臣无忘槛车[4]。"

鸿门宴[5],范增[6]欲害沛公[7],数目项王,举所佩玉玦[8]以示之者三。项王默然不应,范增起出,谓项庄[9]曰:"君王为人不忍[10],若属[11]皆且[12]为所虏矣。"

【注释】

[1] 莒:地名。在今山东莒县。

[2] 带钩:束腰革带上的钩。

[3] 桎梏:原指脚镣手铐,延伸为囚禁。

[4] 槛车:用栅栏封闭的车,用于囚禁犯人。

[5] 鸿门宴:秦亡后,项羽和刘邦在鸿门举行的一次宴会。

[6] 范增:秦末项羽的主要谋士,著名政治家,被项羽尊为"亚父"。

[7] 沛公:刘邦。见168页。

[8] 玉玦:表决断之意。

[9] 项庄:秦末下相人,项羽从弟。

[10] 不忍:不忍心。

[11] 若属:你们。

[12] 且:将要。

仁贵白袍　伍胥银铠

唐薛仁贵[1]尝从太宗征伐，每出战，辄披白袍，所向无敌。太宗遥见，问："白袍是谁？"特引见赐马绢[2]，喜得虎将。

子胥赐死，盛以鸱夷[3]之皮，浮之江上。子胥因流扬波，倚潮来往。或有见其银铠雪狮[4]，站立潮头者。

【注释】

[1]薛仁贵：绛州龙门人，名礼，唐代名将。

[2]马绢：马匹和绢布。

[3]鸱夷：革囊。

[4]银铠雪狮：古人对潮头的想象。

十二　震

韩琦焚须　裴度失印

韩魏公[1]常夜作书，令一卒持烛，偶他顾[2]，烛燃公须。公以手麾[3]之，作书如故。少顷回视，则易[4]其人矣。公恐主吏[5]鞭之，亟呼之曰："勿易渠[6]，今已解[7]符烛矣。"军中感服。

裴晋公[8]在中书，吏忽白[9]以失印。公神色不动，方张筵[10]，命举乐[11]。夜半吏白印存，公亦不答。或问其故，公曰："胥吏[12]辈盗印书券[13]，缓之则复还故处，急则投诸水火，不可复得矣。"

【注释】

[1]韩魏公：韩琦，字稚圭，自号赣叟，相州安阳人。北宋政治家、

词人，封魏国公。

[2] 他顾：看其他地方。

[3] 麾：挥灭。

[4] 易：换。

[5] 主吏：长官。

[6] 渠：他。

[7] 解：知道。

[8] 裴晋公：裴度，唐河东闻喜人，字中立。唐代中期杰出的政治家、文学家，封晋国公。

[9] 白：自陈。

[10] 张筵：设宴。

[11] 举乐：奏乐。

[12] 胥吏：官府中的小吏。

[13] 盗印书券：盗取印玺书写契约。

德裕万羊　穆王八骏

李德裕[1]召一僧问休咎[2]，僧曰："公是万羊丞相，已食过九千六百矣。"数日后有馈羊四百者，公大惊，欲勿受。僧曰："羊到此，已为相公有矣。"旬日贬潮州[3]司马，又贬连州[4]司户[5]，寻卒。

穆天子[6]八骏[7]：一名绝地，二名翻羽，三名奔霄，四名起影，五名逾辉，六名超光，七名腾雾，八名扶翼。行越飞禽，日行千里。

【注释】

[1] 李德裕：见42页。

[2] 休咎：吉凶。

[3]潮州：地名，今广东省潮州市。

[4]连州：地名，今广东省连州市一带。

[5]司户：官名。汉魏以下有户曹掾，主民户。唐制，府称户曹参军，州称司户参军，县称司户。

[6]穆天子：周穆王。

[7]八骏：八匹名马。

妇翁冰清　女婿璧润

晋卫玠[1]字叔宝，乐广[2]字彦辅。叔宝为彦辅婿，时人称曰："妇翁[3]冰清[4]，女婿璧润。"

【注释】

[1]卫玠：见188页。

[2]乐广：南阳淯阳人，字彦辅。善清言，尚名教。

[3]妇翁：妻子之父。

[4]冰清：与下文"璧润"相合，意为像玉一样润泽，像冰一样清纯，指二人丰神俊朗，气度不凡。

草木皆兵　沙石为阵

八公山[1]在寿州。谢玄陈兵淝水[2]，苻坚望见八公山草木皆兵[3]，秦师遂败。

诸葛武侯[4]八阵图[5]，一在夔州[6]，一在新都[7]。王武子[8]曾为夔州之西市，俯监江岸武侯八阵图，箕张[9]翼舒，鹅形鹤势，聚石分布，宛然尚存。

【注释】

[1]八公山：在安徽省淮南市西。相传汉淮南王刘安曾与八公登此山，故名。

[2] 淝水：河名。源出安徽省合肥县西南紫蓬山。

[3] 草木皆兵：后以此形容惊恐万状，疑虑重重。

[4] 诸葛武侯：见35页。

[5] 八阵图：古代用兵的一种阵法。《晋书·桓温传》："初，诸葛亮造八阵图于鱼腹平沙之下，累石为八行，行相去二丈。"

[6] 夔州：地名，在今重庆市奉节县一带。

[7] 新都：地名，今四川新都县。

[8] 王武子：王济，太原晋阳人，字武子。西晋名臣。

[9] 箕张：谓两旁伸张开去如簸箕之形。

十四　愿

荀息[1]累卵[2]　姚坦筑怨

晋灵公[3]造九层台，三年不成，人力困敝。荀息曰："臣能累十二棋子，加九卵于其上。"公曰："危哉！"息曰："公造台三年不成，男不耕，女不织，亦危矣。"公遂止。

宋姚坦[4]为益王[5]府赞善[6]。王尝作假山，召僚属观之。坦曰："但见血山，安得假山？"王惊问，对曰："臣见州县督税答民[7]，流血满身，此假山乃民租税所出，非血山而何？"

【注释】

[1] 荀息：春秋时人，食邑于荀，字叔。晋国大夫。

[2] 累卵：堆迭的蛋。比喻极其危险。

[3] 晋灵公：见84页。

[4] 姚坦：宋曹州济阴人，字明白。

[5]益王：赵元杰，宋太宗第五子。

[6]赞善：官名。"赞善大夫"的省称。始置于唐，在太子宫中掌侍从、讲授。

[7]督税笞民：为收税而鞭打平民。

龚舍蛛隐　杨炯麟楦

龚舍[1]见飞虫，触蜘蛛网而死，叹曰："仕宦[2]亦人之罗网[3]也。"遂挂冠而去，世号"蜘蛛隐"。

唐杨炯[4]每呼朝士为麒麟楦[5]。或问之，炯曰："今时跳麒麟者必装饰其皮，覆之驴上，若去其皮，仍是驴耳。"

【注释】

[1]龚舍：西汉楚人，字君倩，通《五经》。

[2]仕宦：仕途。

[3]罗网：捕捉鸟兽的器具。

[4]杨炯：弘农华阴人。初唐著名诗人，"初唐四杰"之一。

[5]麒麟楦：唐人称演戏时装假麒麟的驴子叫麒麟楦。比喻虚有其表没有真才的人物。

陆续方肉　陈遗焦饭

陆续[1]系狱，见饷羹[2]，知为母所烹饪。人问其故曰："断葱以寸，切肉必方，以是知之。"

陈遗[3]母好食铛底焦饭[4]。遗作主簿，每煮饭，辄贮焦饭遗母。后值孙恩[5]贼出，带以从军，战败，军人窜入山泽者多饿死，遗独以焦饭得活。

【注释】

[1]陆续：东汉会稽吴人，字智初。明帝永平十三年，坐楚王刘英事下洛阳狱。后赦还乡，禁锢终身。

[2]饷羹：羹汤。

[3]陈遗：南朝宋吴郡人，宋初为郡吏。

[4]铛底焦饭：即锅巴。铛，温器，似锅，三足。

[5]孙恩：琅琊人，字灵秀。东晋五斗米道道士和起义军首领。

谭峭沉江　李贺投溷

宋齐丘[1]欲窃谭峭[2]《化书》[3]以为己作，乃投峭于江，渔人撒网获峭遗尸，手中执《化书》三卷，遂改《齐丘子》为《谭子化书》。

李贺[4]有表兄，与贺有笔墨之隙，恨贺傲忽[5]。及贺死，绐取其遗稿，尽投溷[6]中。

【注释】

[1]宋齐丘：五代时庐陵人，居洪州。初字昭回，改字子嵩。好学工文，善术数，喜纵横之说。为官因好权利，矜功忌能。

[2]谭峭：字景升，五代泉州，五代十国时期道教代表人物。

[3]化书：道家著作，唐末五代谭峭撰。共六卷，分道、术、德、仁、食、俭六化，一百一十篇。

[4]李贺：见118页。

[5]傲忽：傲慢。

[6]溷：厕所。

十五 翰

锄麑[1]触槐　豫让吞炭

晋赵盾[2]为大夫，谏灵公。公怒之，使锄麑行刺，匿于寝门[3]。盾每夜焚香告天，祈君改行。麑知为忠良，不忍加害，遂触槐[4]而死。

豫让[5]漆身为癞[6]，吞炭为哑[7]，为智伯[8]报襄子[9]之仇，至再至三，刺不能中，乃请其衣斩之[10]，伏剑[11]而死。

【注释】

[1] 锄麑：春秋时晋国力士、刺客。

[2] 赵盾：嬴姓，赵衰之子，杰出的政治家、战略指挥家，晋国权臣。

[3] 寝门：古礼天子五门，诸侯三门，大夫二门。最内之门曰寝门，即路门。后泛指内室之门。

[4] 触槐：撞槐树。

[5] 豫让：晋国人，姬姓，毕氏，春秋战国时期刺客。

[6] 漆身为癞：以漆涂身，生疮如病癞。

[7] 吞炭为哑：指吞咽火炭毁嗓子，都是为了隐匿身份。

[8] 智伯：春秋末年晋国四卿之一，智宣子之子，首级被赵襄子做成酒杯。

[9] 襄子：赵襄子，春秋战国时晋国大夫，赵氏首领。

[10] 请其衣斩之：豫让刺杀赵襄子未成而自杀。自杀前，求得赵襄子衣服，拔剑而击之，以示报仇之意。

[11] 伏剑：自刎。

朱亥隐屠　嵇康喜锻

朱亥[1]，大梁[2]人。勇侠，隐于屠肆。侯嬴[3]荐之，魏公子[4]使袖四十斤铁椎，击杀晋鄙[5]，夺其兵以救赵退秦。

嵇康性好锻[6]。尝夏月[7]锻于大柳下，钟会[8]造之，康锻如故，不交一言。会去，康曰："何所闻而来，何所见而去？"会曰："闻所闻而来，见所见而去。"

【注释】

[1] 朱亥：见82页。

[2] 大梁：战国时魏国都城，在今河南省开封市。

[3] 侯嬴：战国时魏国人。家贫，年老时始为大梁监门小吏。

[4] 魏公子：信陵君魏无忌，战国时期魏国著名的军事家、政治家。

[5] 晋鄙：战国时期魏国将领，拒绝了魏无忌的军令。

[6] 好锻：喜欢打铁。

[7] 夏月：夏天。

[8] 钟会：三国魏颍川长社人，字士季。三国后期曹魏重要谋臣。

蔡笛取椽　焦琴入爨

蔡中郎[1]宿柯亭[2]，听庭中第十六条竹椽[3]迎风有好音，取以为笛，声音独绝。

中郎在吴，吴人烧桐以爨，闻其火爆声，曰："良木也。"请截为琴，果有美音，名曰焦尾[4]。

【注释】

[1] 蔡中郎：蔡邕，详见156页。董卓当政时拜蔡邕为左中郎将，故称"蔡中郎"。

[2] 柯亭：古地名。又名高迁亭。在今浙江省绍兴市西南。以产良竹著名。

[3] 竹椽：竹制的安在檩条上支架屋面和瓦片的椽子。

[4] 焦尾：琴名，因其尾部焦黑。后泛指好琴。

泥兵沾雨　石马流汗

汉秣陵[1]尉蒋子文[2]逐盗死此，孙权为立庙，封蒋侯。后孙权与敌人战，夜大雨，蒋侯助之。次日见庙中泥兵皆湿。

安禄山乱，哥舒翰[3]与贼将崔乾祐[4]战，见黄旗军数百来助战，忽不见。是日昭陵[5]石马[6]皆流汗。

【注释】

[1] 秣陵：地名，即今江苏南京。

[2] 蒋子文：东汉末人。曾自谓骨骼甚贵，死当为神。孙权立其庙于钟山，封蒋侯。故后人称钟山为"蒋山"。

[3] 哥舒翰：唐时突骑施哥舒部人，世居安西。唐朝名将。

[4] 崔乾祐：安禄山部将。

[5] 昭陵：唐太宗李世民与文德皇后长孙氏的合葬陵墓，位于陕西省咸阳市。

[6] 石马：石雕的马。古时多列于帝王及贵官墓前。

十七　霰

魏武捉刀　孙权赚[1]箭

魏武[2]将见匈奴使，自以形陋不足雄远[3]，因使崔季圭[4]代，操自捉刀[5]立床[6]头。既毕，令间谍[7]

问曰:"魏王何如?"使曰:"魏王雅望[8]非常,然床头捉刀人乃英雄也。"魏武闻之,追杀此使。

孙权与曹操相拒[9]濡须者月馀,权常乘大船来观操军,弓弩乱发,箭著船旁偏重。权乃令回船更一面以受箭,箭均船平,乃还。权命卒呼操军曰:"敬谢箭。"

【注释】

[1] 赚:诓骗。

[2] 魏武:魏武帝曹操。

[3] 雄远:威震远境。

[4] 崔季圭:崔琰,三国魏清河东武城人,字季圭。少好击剑,尚武事,后师从郑玄,其貌清朗而威重。

[5] 捉刀:拿刀。后称代人作文或顶替人做事为"捉刀"。

[6] 床:古代的一种坐具。

[7] 间谍:密探。

[8] 雅望:仪表美好。

[9] 相拒:相抗。

曲江宝座　乖崖龙扇

唐玄宗于勤政殿[1]以七宝[2]装成大座,召诸学士讲论古今,胜者升座。张九龄论辨风生[3],首登此座。

张咏[4]为御史中丞[5],真宗[6]令进所著述,帝称善,取所执销金[7]龙扇赐之,曰:"美卿今日献文事。"

【注释】

[1] 勤政殿:皇帝披阅章奏、召对臣工的日常理政之处。

[2] 七宝:泛指各种珍宝。

[3] 风生:形容气氛活跃。

[4] 张咏：字复之，号乖崖，濮州鄄城人，北宋名臣。

[5] 御史中丞：御史大夫的助理。外督部刺史，内领侍御史，受公卿章奏，纠察百僚，其权颇重。

[6] 真宗：宋真宗赵恒。

[7] 销金：嵌金色线。

广平铁肠　狄青铜面

皮日休[1]云："宋广平[2]为相，疑其铁石心肠，不解吐软媚词。观其《梅花赋》，便巧富艳[3]，殊不类其为人。

狄青[4]起卒伍，从征元昊[5]，常为先锋，大小二十五战，每临敌必被发[6]带铜面具[7]，所至披靡，莫有当其锋者。

【注释】

[1] 皮日休：晚唐诗人，复州竟陵人，字逸少，后改袭美，早年居鹿门山，自号鹿门子，又号间气布衣、醉吟先生等。

[2] 宋广平：唐代名相宋璟，封广平郡公，故称。

[3] 富艳：华丽。

[4] 狄青：见109页。

[5] 元昊：李元昊，西夏皇帝。

[6] 被发：披发。

[7] 铜面具：出征时常戴之以作防护和威慑敌人的铜制面具。

李白磨针　维翰铸研

李白读书象耳山[1]下，学未成，弃去。适过溪，逢老妪磨铁杵[2]，问其何为，曰："欲作针。"白感，遂还卒业[3]。

桑维翰[4]初学进士，主司[5]恶其姓，"桑"与"丧"同，故斥之。维翰乃铸铁研示人，曰："研敝[6]则改业。"卒举进士及第[7]。

【注释】

[1]象耳山：山名，在四川省眉山市境内。

[2]铁杵：铁棒。

[3]卒业：完成学业。

[4]桑维翰：五代时河南洛阳人，字国侨。后唐庄宗同光间进士。

[5]主司：主管。

[6]敝：损坏。

[7]及第：科举应试中选。因榜上题名有甲乙次第，故名。

十八　啸

剡川一曲　虎溪三笑

贺知章[1]于天宝[2]初梦游帝居[3]，数夕方寤[4]。乃请为道士，还乡里，诏赐剡川一曲[5]，自号四明狂客[6]。

惠远[7]禅师隐庐山[8]，送客至虎溪[9]即止。一日送陶渊明、陆静修[10]，与语道合，不觉过虎溪，因大笑。世绘《三笑[11]图》。

【注释】

[1]贺知章：唐朝诗人，越州永兴人，字季真，自号四明狂客、秘书外监。

·235·

[2] 天宝：唐玄宗李隆基的年号。

[3] 帝居：天帝所居之处。

[4] 寤：醒。

[5] 剡川一曲：剡川，水名，即位于浙江省宁波市奉化区西北的剡溪。一曲，河流的一段。

[6] 四明狂客：贺知章性格疏狂，因以自号。四明，山名，其山四穴如天窗，隔山通日月星辰之光，故曰四明。在浙江省宁波市西南，后代指宁波。

[7] 惠远：东晋高僧慧远，本姓贾氏，雁门楼烦人。

[8] 庐山：山名。在江西省九江市南。

[9] 虎溪：溪名。在庐山东林寺前。相传慧远法师居此，送客不过溪，过此，虎辄号鸣，故名虎溪。

[10] 陆静修：南朝宋时道士。

[11] 三笑：宋代楼钥《又跋东坡三笑图赞》谓惠远、渊明和修静三人不相及，共话大笑事乃后人附会。

杜广骐骥　崔洪鹰鹞

杜广[1]初为刘景[2]厩卒[3]，及与景语，景大惊曰："久负贤者。"告其妻曰："吾为女求婿二十年，不意厩中有骐骥[4]。"还妻之。

崔洪[5]少以清厉[6]显名，骨鲠[7]不同于物，人之有过辄面折之。及为御史，人语之曰："丛生棘刺，来自博陵[8]。在南为鹞，在北为鹰。"

【注释】

[1] 杜广：十六国时前赵人。初为刘景之厩卒，后为殷州刺史。

[2] 刘景：前赵君主刘渊的部将。

236

[3] 厮卒：马夫。

[4] 骐骥：骏马，后指良才。

[5] 崔洪：西晋博陵安平人，字良伯。为官清正，举用甄明，门无私谒。

[6] 清厉：耿介有骨气。

[7] 骨鲠：原指鱼、肉等的小骨，后喻为人刚直。

[8] 博陵：地名，今河北省定州市一带。

二十二 祃

伯寿牛车 晋武羊驾

刘伯寿[1]居玉华峰[2]下，有妾名谖草[3]、芳草，皆秀丽而善音律。伯寿出入乘牛车，吹铁笛，二草以蕲笛[4]和之，声满山谷，牛行则行，牛止则止，其止也必命壶觞[5]，尽醉而返。

晋武帝[6]既平吴，选伎妾五千人入宫。帝常乘羊车[7]，恣其所之，至便宴寝。宫人竞以竹叶插户，盐汁洒地，以引帝车。

【注释】

[1] 刘伯寿：刘几，北宋河南洛阳人，字伯寿。

[2] 玉华峰：在今河南嵩山。

[3] 谖草：即萱草，可以忘忧。

[4] 蕲笛：用蕲竹制成的笛子。

[5] 壶觞：酒器。

[6] 晋武帝：司马炎，字安世，河内温县人，晋朝开国皇帝。

[7] 羊车：宫中用羊牵引的小车。

中山壶飧　顾荣行炙

中山[1]飨士[2],司马子期[3]在焉,羊羹不遍[4],怒走楚,说伐中山,君亡[5]。有二人挈戈随后,曰:"臣父饿且死,君下壶飧哺之,故来死君[6]。"君曰:"吾以一杯羹亡国,以一壶飧[7]得二死士。"

顾荣[8]与同僚饮,见行炙者[9]有欲炙之色,因辍己炙与啖之。同坐皆笑,荣曰:"岂有终日执之而可使不知其味乎?"后荣为赵王伦[10]所执,有救之者,乃受炙人也。

【注释】

[1] 中山:此指中山国君。中山,古国名,春秋末年鲜虞人所建,在今河北省定县、唐县一带。

[2] 飨士:宴请士人。

[3] 司马子期:司马期,战国时中山国大夫。

[4] 羊羹不遍:指遍赐在座者以羊羹而不及他。

[5] 亡:逃亡。

[6] 死君:愿意为国君而死。

[7] 壶飧:指食物。

[8] 顾荣:字彦先。吴郡吴县人。西晋末年大臣、名士。

[9] 行炙者:传送烤肉的人。

[10] 赵王伦:赵王司马伦。

王戎钻李[1]　长康食蔗

王戎有好李,卖之,恐人得其种,皆钻其核。

晋顾恺之[2],字长康,每食蔗,自末啖[3]至本[4],

云:"渐入佳境。"

【注释】

[1] 钻李:把李核钻孔,则他人不能种植,可见王戎之吝啬。

[2] 顾恺之:见120页。

[3] 啖:吃。

[4] 本:这里指甘蔗根部,最为甘甜的部分。

阮宣杖头　毕卓瓮下

晋阮修,字宣子,好黄老[1],善清谈,性简傲[2],不修人事[3]。尝以百钱挂杖头,至酒肆独酌。后为太子洗马[4]。

晋毕卓[5]少放达,为吏部郎中。尝饮酒废职,比舍即酒熟[6],卓因醉夜至其瓮下盗饮,为监酒者所缚。明日视之,乃毕吏部也。

【注释】

[1] 黄老:黄帝和老子的并称。后世道家奉为始祖。

[2] 简傲:高傲。

[3] 不修人事:不通人世情理。

[4] 太子洗马:官名。汉置,太子属官。

[5] 毕卓:见90页。

[6] 比舍即酒熟:比舍,邻居。此句诸书作"比舍郎酒熟",或作"比舍郎酿酒熟","即"当是"郎"的讹字。

二十三 漾

穆公投醪　巫臣挟纩

秦穆公[1]伐晋及河[2]，将军劳之醪[3]，惟一杯。蹇叔[4]曰："一杯可以投河而酿也。"穆公乃以醪投河，三军皆取饮之。

楚子[5]围萧[6]，申公巫臣[7]曰："师人多寒。"王巡三军，推而勉之，三军[8]之士皆如挟纩[9]。

【注释】

[1]秦穆公：春秋时秦国国君，名任好，春秋五霸之一。

[2]河：黄河。

[3]醪：醇酒。

[4]蹇叔：春秋时人。得百里奚荐，仕于秦。为大夫，佐穆公称霸。

[5]楚子：指春秋时楚王。因楚君始封为子爵，故称。后也代指楚国军队。

[6]萧：古国名，在今安徽省萧县西北。

[7]申公巫臣：屈巫。春秋时楚国人，字子灵，名巫臣。曾封于申，故称申公。

[8]三军：周制，诸侯大国三军。中军最尊，上军次之，下军又次之。一军一万二千五百人，三军合三万七千五百人。后指军队。

[9]挟纩：披着绵衣。此喻受人抚慰而感到温暖。

齐后[1]连环　宋姊面杖

秦始皇遣使者于齐，送玉连环[2]曰："齐人多智，能解此环否？"后示群臣，皆不能解。后乃破[3]之，谢[4]秦使曰："环已解矣。"

宋太祖[5]将北征，京师喧言[6]曰："立检点[7]为天子。"入告家人，姊方在厨引面，杖击太祖逐之，曰："丈夫临大事，可否当自决，乃来家间恐怖[8]妇女，何为耶？"太祖默然而出。

【注释】

[1]齐后：齐襄王后。

[2]玉连环：连结成串的玉环。

[3]破：打破。

[4]谢：告诉。

[5]宋太祖：赵匡胤，字元朗，军事家、政治家，北宋开国皇帝。

[6]喧言：纷纷传言。

[7]检点：官名。即殿前都点检，时赵匡胤任此职，统率禁军。

[8]恐怖：恫吓。

春申珠履　季伦锦障

楚王以黄歇为春申君[1]，赵平原[2]遣使于楚，春申迎之，门下三千人，上客[3]皆蹑珠履[4]，赵使大惭。

石崇[5]，字季伦，与王恺[6]斗富。恺作紫丝步障[7]四十里，崇作锦步障五十里以敌之。

【注释】

[1]春申君：黄歇，楚国大臣，曾任楚相，博闻善辩。楚考烈王元年，以黄歇为相，赐其淮河以北十二县，封为春申君。和信陵君魏无忌、平原君赵胜、孟尝君田文并称"战国四公子"，皆礼贤下士，广招宾客。

[2]赵平原：即平原君，见113页。

[3]上客：上等门客。

[4]珠履：珠饰之履。

[5]石崇：字季伦，小名齐奴。渤海南皮人。西晋时期文学家、官员、富豪，"金谷二十四友"之一。

[6]王恺：西晋东海郯县人，字君夫。王肃子。性豪侈，尝与石崇斗富。

[7]步障：用以遮蔽风尘或视线的一种屏幕。

伯宗徙瘤　扁鹊见脏

薛伯宗[1]善徙痈疽[2]。公孙泰患背疽，伯宗为气封之，徙置柳树上。疽消，而树起一瘤如拳大。二十馀日，瘤溃，出黄赤汁斗许，树亦旋枯。

扁鹊[3]遇长桑君[4]，出囊中药，饮以上池之水[5]。三十日，视见垣一方人[6]。因视病，尽见五脏癥结[7]，特以诊视为名耳。

【注释】

[1]薛伯宗：南朝宋、齐时人，善治痈疽。

[2]徙痈疽：转移毒疮。

[3]扁鹊：姬姓，秦氏，名越人，春秋战国时期名医。

[4]长桑君：战国时的神医，扁鹊的老师。

[5]上池之水：指凌空承取或取之于竹木上的雨露。后用以名佳水。

[6]视见垣一方人：此句谓扁鹊服药三十天，就能隔墙看人的病症。

[7]五脏癥结："癥"当作"症"，事见《史记·扁鹊仓公列传》。五脏，心、肝、脾、肺、肾。

刺史晶灯　部尉彩棒

宋张中庸[1]为洋州[2]刺史，洞察民伪，民号为"水晶灯笼"。

曹操年二十，举孝廉，除洛阳北部尉[3]。入尉廨[4]，缮治四门，造五色棒[5]，悬门左右，犯罪者不论豪强[6]，皆杖杀之。

【注释】

[1]张中庸：北宋官员，真宗时为洋州刺史，后葬于县东北二百里椒溪河畔。

[2]洋州：地名，今陕西省西乡县。

[3]洛阳北部尉：官名，东汉末年置，掌京城洛阳及北部郊区的治安。

[4]尉廨：尉官的官署。

[5]五色棒：为汉代执法所用，由红、黄、绿、白、黑涂在棒上，因此称五色棒。

[6]豪强：指有权势而强横的人。

黄庭笔飞　禊帖花放

王右军在山阴县，写《黄庭经》完，所书笔腾空飞去。今有笔飞楼在采蕺山[1]下。

萧翼[2]赚[3]《兰亭》入手，飞奔至半途间看，山花尽放。此地名花街，有墨花禅院。

【注释】

[1]采蕺山：即蕺山，见56页。

[2]萧翼：本名世翼。江南大姓萧家出身，梁元帝的曾孙。

[3]赚：骗取。

少文响山　元干破浪

宗炳[1]，字少文。好山水，西涉荆、巫[2]，南登衡岳，因结室衡山，以疾还江陵，凡所游过名山皆图之于室，谓人曰："抚琴动操，欲令众山皆响。"

宗悫[3]，字元干。少时叔父炳问其志，悫曰："愿乘长风[4]破万里浪。"后以战功封洮阳[5]侯。

【注释】

[1]宗炳：南朝宋南阳涅阳人，字少文。宗承孙。好琴书，善图画，精于言理。

[2]荆、巫：荆山、巫山，古代名山，均在湖北省。

[3]宗悫：字元干，南阳涅阳人，南朝宋将领。

[4]长风：远风。

[5]洮阳：地名，在今广西壮族自治区全州县东北。

支解海青　剖心金藏

安禄山叛，玄宗奔蜀，禄山宴群臣于凝碧池[1]，盛奏众乐。乐工雷海青[2]不胜悲愤，掷乐器于地，西向[3]恸哭。禄山缚于试马殿前，支解[4]之。

则天时有告皇嗣[5]反者，后命来俊臣[6]鞠[7]之。太常工人安金藏[8]请剖心，以明皇嗣不反，即引佩刀自剖其胸。后令辇入宫，经宿始苏[9]。后叹曰："吾有子不能自明，使汝至此。"即命俊臣停推[10]，睿宗得免。

【注释】

[1]凝碧池：唐代洛阳禁苑中池名。

[2]雷海青：唐玄宗时的著名宫廷乐师，善弹琵琶。

[3] 西向：向西，因玄宗在西蜀。

[4] 支解：古代碎裂肢体的一种酷刑。

[5] 皇嗣：指唐睿宗李旦。

[6] 来俊臣：雍州万年人，唐朝武周时期著名酷吏。

[7] 鞫：通"鞠"，审讯或审查。

[8] 安金藏：唐西域安息国人，出生于京兆长安，为太常乐工。

[9] 苏：苏醒。

[10] 停推：停止审讯。

二十四　敬

杜预左癖　张芝草圣

晋杜预[1]尝云："王武子[2]有马癖，和长兴[3]有钱癖。"武帝[4]问曰："卿有何癖？"对曰："臣有《左传》癖。"

汉张芝[5]临池[6]学书，池水尽黑。家有练帛[7]，必先书而后染，草法[8]精到，人称"草圣"。

【注释】

[1] 杜预：字元凯，京兆郡杜陵县人，魏晋时期著名政治家、军事家和学者，有《春秋左氏传集解》及《春秋释例》。

[2] 王武子：见227页。《晋书·王浑列传·(子)王济》："济善解马性，尝乘一马，著连乾鄣泥，前有水，终不肯渡。济云：'此必是惜鄣泥。'使人解去，便渡。故杜预谓济有马癖。"

[3] 和长兴：应作"和长舆"，即西晋大臣和峤，字长舆，汝南西平人，其家富而性吝。

[4] 武帝：晋武帝，见237页。

[5]张芝：东汉书法家，敦煌渊泉人，字伯英，擅长草书。

[6]临池：后以此代指学习书法。

[7]练帛：白帛。

[8]草法：草书之法。

孝标绝交　叠山却聘

晋刘峻[1]，字孝标。因任昉[2]之子贫困，到溉[3]绝婚[4]，作《广绝交论》[5]，谓势交、贿交、论交、穷交、量交，此五交皆不能恤贤[6]，故绝之也。

宋谢枋得[7]，号叠山。为人豪爽，以忠义自奋[8]。宋亡，元人以币聘之。叠山不赴，有《却聘[9]书》传世。

【注释】

[1]刘峻：见141页。

[2]任昉：字彦升，小字阿堆，乐安博昌人。南朝梁文学家。

[3]到溉：字茂灌，南朝梁代文学家，彭城武原人。

[4]绝婚：解除婚约。

[5]广绝交论：骈文篇名，南朝梁刘峻作，乃推阐东汉朱穆《绝交论》之意而为此文。

[6]恤贤：体恤贤人。

[7]谢枋得：信州弋阳人，字君直，号叠山，宋末著名爱国诗人。

[8]自奋：自勉。

[9]却聘：拒绝聘任。

傀儡偃师　衣冠优孟

周穆王时有偃师[1]为木人，能歌舞，王与盛姬观之。舞既，木人瞬目[2]，以手招王之侍妾。王怒，欲杀偃师，偃师惧，理之，皆草木胶漆之所为也。傀儡[3]始于此。

楚相孙叔敖[4]频死[5]，属其子曰："我死，汝必贫困。若往见优孟。"子从其言。优孟[6]即为叔敖衣冠，抵掌[7]谈笑。庄王[8]见之，以为叔敖复生也。因言曰："孙叔敖为楚之贤相，今其子家贫负薪[9]。"王为谢过[10]，封之寝丘[11]四百户。

【注释】

[1] 偃师：西周时巧匠。

[2] 瞬目：眨眼。

[3] 傀儡：用土木制成的偶像，此即木偶。

[4] 孙叔敖：芈姓，蔿氏，名敖，字孙叔，楚国期思邑人（今河南淮滨人）。春秋时期楚国令尹，辅佐楚庄王成就霸业。

[5] 频死：濒死，临死。

[6] 优孟：春秋时楚国宫廷艺人，滑稽多辩，常于谈笑间讽谏。以优伶为业，名孟，故得名。

[7] 抵掌：击掌。

[8] 庄王：楚庄王。

[9] 负薪：背负柴草。谓从事樵采之事。

[10] 谢过：承认错误。

[11] 寝丘：春秋时楚地名。在今河南省固始、沈丘两县之间，以贫瘠著称。

羊祜轻裘　康乐曲柄

羊祜在军中，轻裘缓带[1]，身不被甲，铃阁[2]之下，侍卫不过十数人。陆抗[3]称其德量[4]，虽乐毅、诸葛孔明不能过也。

谢康乐[5]好戴曲柄笠[6],孔隐士[7]谓曰:"卿欲希心高远,何不能遗曲盖[8]之貌?"谢答曰:"将不畏影[9]者未能忘怀。"

【注释】

[1]轻裘缓带:轻暖的衣裳,宽缓的腰带。形容从容闲适。

[2]铃阁:应作"铃阁",指翰林院以及将帅或州郡长官办事的地方。

[3]陆抗:陆逊次子,字幼节,三国时代吴国后期名将,吴郡吴县人。

[4]德量:道德涵养和气量。

[5]谢康乐:谢灵运,封康乐公,故称。

[6]曲柄笠:类似曲盖的斗笠。

[7]孔隐士:孔淳之,字彦深,时称孔隐士,鲁郡鲁人。

[8]曲盖:仪仗用的曲柄伞。

[9]畏影:《庄子·渔父》:"人有畏影恶迹而去之走者,举足愈数而迹愈多,走愈疾而影不离身。自以为尚迟,疾走不休,绝力而死。不知处阴以休影,处静以息迹,愚亦甚矣。"后以"畏影避迹"比喻不明事理,庸人自扰。

二十五 径

临平石鼓　泗滨浮磬

吴郡临平[1]岸崩,得石鼓[2],扣之不鸣。问张华,华曰:"用蜀中桐材刻鱼形,扣之则鸣矣。"如其言,声闻数十里。

《尚书·禹贡》:"羽畎夏翟[3],峄阳孤桐[4],泗滨浮磬[5]，淮夷蠙珠暨鱼[6]，厥篚玄纤缟[7]，浮于淮、泗，达于河。"

【注释】

[1] 临平：地名，在今浙江杭州临平区。

[2] 石鼓：鼓形大石。

[3] 羽畎夏翟："羽畎"应作"羽畎"，羽山之谷，以产夏翟著称。夏翟，羽毛五色的野鸡。

[4] 峄阳孤桐：峄山南坡所生的特异梧桐。古代以为是制琴的上好材料。

[5] 泗滨浮磬：泗水边上的可以做磬的石头。泗水，在今山东省。

[6] 淮夷蠙珠暨鱼：淮夷之地的蚌珠和鱼。淮夷，古代居于淮河流域的部族。

[7] 厥篚玄纤缟：竹筐里的黑色的绸和白色的绢。

许由一瓢　蒋诩三径

许由[1]隐于箕山[2]，以手掬水。人遗一瓢，饮毕挂树，风吹历落[3]，以为烦而弃之。

蒋翊[4]为兖州[5]刺史。王莽篡位，以病免，归舍中，竹林开三径[6]，邀故人求仲[7]、羊仲[8]同游。

【注释】

[1] 许由：传说中的隐士。

[2] 箕山：山名，在今河南。

[3] 历落：形容声音错落不断。

[4] 蒋翊：应作"蒋诩"。汉杜陵人，以廉直名，王莽执政后告病返乡。

[5] 兖州：汉代分全国为十四州，设十四州部刺史，兖州是其中之一。

[6] 三径：后指归隐者的家园。

[7] 裘仲：即求仲，东汉隐士。

[8] 羊仲：东汉隐士。

刘式墨庄　茂先书乘

宋刘式[1]死，其妻聚书千馀卷，指示诸子曰："汝父谓此为墨庄[2]，今贻[3]汝辈为学殖[4]之具。"

晋张华，字茂先。好书，尝徙居[5]，载书三十乘，凡天下奇秘，世所未有之书悉在华所，有《博物志》行世。

【注释】

[1] 刘式：北宋袁州人，字叔度。少读于白鹿洞书院。南唐末举进士。

[2] 墨庄：即藏书的别称。

[3] 贻：给。

[4] 学殖：原指学问的积累增进，后泛指学业、学问。《左传·昭公十八年》："夫学，殖也；不殖将落。"杜预注："殖，生长也；言学之进德，如农之殖苗，日新日益。"

[5] 徙居：搬家。

子昂毁琴　孟敏破甑

陈子昂[1]初入京，无人物色[2]。有卖胡琴[3]者，价高无售主。子昂以千缗[4]市之，众惊问，答曰："吾善此。明日集宣阳里[5]，为公等操之。"如期皆集，子昂抚琴曰："蜀人陈子昂有文百轴[6]，不为人知。此贱子之役[7]，何足留心？"举琴碎之，以文轴遍赠会者，一日名震京师。

孟敏[8]性刚直，有决断。尝客居太原，荷甑[9]堕地，不顾而去。郭林宗见而问之，敏曰："甑已破矣，视之何益？"林宗奇之，劝令就学，卒以成名。

【注释】

[1]陈子昂：初唐诗人，梓州射洪人，字伯玉。少任侠，后苦节读书。

[2]物色：此指赏识。

[3]胡琴：古乐器名。古代泛称来自北方和西北各族的拨弦乐器，有时指琵琶，有时指忽雷等。

[4]千缗：泛指巨资。缗，古代串钱的绳子，钱一百曰一缗。

[5]宣阳里：长安城中里巷。

[6]百轴：百卷。

[7]贱子之役：低贱的人的活计，指弹琴。

[8]孟敏：西汉钜鹿人，字叔达。三公征辟，不仕。

[9]荷甑：所背的甑。甑，古代炊具。后因以"堕甑"比喻事已过去，无法挽回，不必再作无益的回顾。

二十六　宥

即墨烹阿　颍川借寇

齐威王[1]时，左右日毁即墨守[2]，而誉阿守[3]。王使人视即墨，野辟民安。视阿，田野不辟[4]，人民贫馁[5]。即日烹阿而封即墨以万户。

汉寇恂[6]为颍川守，修乡校[7]，教生徒，能为《左氏春秋》者亲受学[8]焉。后颍川盗起，恂从帝出征，贼平，百姓遮道曰："愿从陛下复借寇君一年。"乃留镇抚[9]。

【注释】

[1] 齐威王：即田因齐，一作田婴齐。战国时齐国国君，齐桓公之子。

[2] 毁即墨守：诋毁即墨守。即墨，古地名。在今山东省平度市东南。守，地方长官。

[3] 誉阿守：赞誉阿守。阿，地名。即今山东省东阿县。

[4] 辟：开垦。

[5] 馁：饥饿。

[6] 寇恂：东汉上谷昌平人，字子翼。东汉名将，"云台二十八将"之一。

[7] 乡校：古代地方学校。

[8] 受学：教学。

[9] 镇抚：安抚。

阮咸豕盆　赵师狗窦

诸阮皆能饮酒，阮咸至，宗人[1]间共集，不复用常杯斟酌，以大瓮盛酒，围坐相向大酌。时有群豕[2]来饮，直接缶上，便共饮之。

赵师[3]谄事[4]韩侂胄[5]，尝过南园山庄[6]，侂胄顾竹篱茅舍，谓师曰："此真田舍间气象，但少犬吠鸡鸣耳。"俄闻犬嗥[7]丛薄[8]，视之乃师也。侂胄大笑，闻者丑之。

【注释】

[1] 宗人：同族之人。

[2] 群豕：群猪。

[3] 赵师：字从善，自号无著居士，又号东墙。太祖八世孙伯骕子。

[4] 谄事：逢迎侍奉。

[5]韩侂胄：字节夫，祖籍河南安阳，南宋权臣，北宋名臣韩琦之曾孙。

[6]南园山庄：韩侂胄在临安吴山所建庄园，别号韩公馆。

[7]犬嗥：犬吠。

[8]丛薄：茂密的草丛。

元礼楷模　季彦领袖

李膺[1]字元礼，陈蕃[2]字仲举，二人齐名，时人语曰："天下楷模李元礼，不畏强御[3]陈仲举。"

晋裴秀[4]，字季彦，少能属文。叔父徽[5]有盛名，有请徽者，出而遇秀，人称曰："后进领袖[6]有裴秀。"

【注释】

[1]李膺：见76页。桓帝时，李膺为司隶校尉，与太学生首领郭泰等结交，反对宦官专权。

[2]陈蕃：字仲举。汝南平舆人。东汉时期名臣，为人刚正不阿。

[3]强御：有权势的人。

[4]裴秀：西晋河东闻喜人，字季彦，魏晋时期学者。

[5]叔父徽：裴徽，三国魏河东闻喜人，字文季。其才理清明，善言玄理。

[6]后进领袖：晚辈中最杰出的人。

鲁褒钱神　崔烈铜臭

晋鲁褒[1]作《钱神论》[2]，有曰："执我之手，抱我终始。凡今之人，惟钱而已。"

后汉崔烈[3]纳钱[4]五百万，求为司徒。问其子均曰："吾居三公，外议若何？"均曰："大人少有英称，到老嫌其铜臭[5]。"

【注释】

[1] 鲁褒：西晋南阳人，字元道。好学多闻，以贫素自立，一生不仕。

[2] 钱神论：赋作名。揭露并批判了社会的拜金风气。

[3] 崔烈：字威考，冀州安平县人。东汉大臣，名士。

[4] 纳钱：此处指买官。

[5] 铜臭：铜钱的臭气。原用来讥讽用钱买官或豪富者，后常用来讥讽唯利是图的人。

二十九　艳

终南地肺　长江天堑

终南山[1]有道士不食五谷[2]，自言太乙之精，所居之地名曰地肺。

曹丕[3]大兴兵伐吴，至广陵[4]，时江水盛涨，丕临江叹曰："长江天堑[5]，固天所以限南北也。虽有武骑[6]千群，亦何所用之？"会暴风，舟几覆，乃还。

【注释】

[1] 终南山：终南山，又名太乙山，在陕西省西安市南，秦岭主峰之一。

[2] 五谷：五种谷物，所指不一。一般指稻、黍、稷、麦、菽。

[3] 曹丕：魏文帝曹丕，字子桓，沛国谯县人，曹操次子，三国时期政治家、文学家。

[4] 广陵：地名，今江苏省扬州市。

[5] 天堑：天然的壕沟，言其险要可以隔断交通。

[6] 武骑：勇武的骑卒。

马燧辍简　戴渊投剑

唐马燧[1]姿度轩昂[2]，与诸兄同学，辍简[3]叹曰："方天下有事，丈夫当以功济四海，讵[4]能老一儒哉？"更学兵书战策，卒为唐名将。

戴渊[5]少任侠[6]不羁，尝在江淮间攻掠商旅。遇陆机[7]，率众劫掠。渊在岸上据胡床[8]指麾得宜，机于船屋上遥谓之曰："卿才如此，亦复作劫耶？"渊便泣，投剑归机，机作荐书，仕至征西将军。

【注释】

[1]马燧：唐汝州郏城人，字洵美，唐朝中期名将，曾任宰相，封北平郡王。

[2]轩昂：形容精神饱满，气度不凡。

[3]辍简：放下书简。

[4]讵：岂。

[5]戴渊：东晋广陵人，字若思。少好游侠，受知于陆机。后拜征西将军，都督兖、豫、幽、冀、雍、并六州诸军事。

[6]任侠：凭借权威、勇力或财力等手段扶助弱小，帮助他人。

[7]陆机：见94页。

[8]胡床：一种可以折叠的轻便坐具。

入 声

一 屋

白鱼入舟　赤乌流屋

殷纣[1]暴虐,西伯[2]观兵,至于盟津,渡河中流,白鱼[3]跃入王舟中,王俯取以祭。既渡,有火自上复于下,至于王屋,流而为乌,其色赤,其声魄。时诸侯不期而会者八百国。

【注释】

[1] 殷纣:见85页。

[2] 西伯:见156页。

[3] 白鱼:即白鲦。与下文的赤乌皆为祥瑞之兆。

项羽沐猴　秦始逐鹿

项王[1]烧秦宫室,收其货宝、妇女而东。或说曰:"关中[2]可都[3]以霸。"项王曰:"富贵不归故乡,如衣锦夜行[4]耳。"说者曰:"人言楚人沐猴而冠[5]耳,果然。"项王闻之,烹说者。

汉高欲烹蒯彻[6],彻曰:"秦之纲绝而维弛[7],山东大扰,异姓并起,英俊乌集[8],秦失其鹿[9],天下共逐之,于是高材捷足[10]者先得焉。"

【注释】

[1] 项土：应为"项王"。

[2] 关中：函谷关以西。

[3] 都：作为都城。

[4] 衣锦夜行：穿了锦绣衣裳在夜间出行。比喻虽居官位，却不能使人看到自己的荣耀显贵。

[5] 沐猴而冠：猕猴戴帽子。比喻外表虽装扮得很像样，但本质却掩盖不了。常用来讽刺依附权势、窃据名位之人。

[6] 蒯彻：韩信谋士，曾劝韩信背叛刘邦自立。

[7] 纲绝而维弛：谓国家倾覆，法度不存。

[8] 乌集：形容人群没有严密组织而临时凑合，如群乌暂时聚合。

[9] 秦失其鹿：失去天下，以鹿喻帝位。逐鹿，比喻争夺统治权。

[10] 捷足：脚步快。谓行动迅速。

滹沱麦饭[1]　芜亭豆粥[2]

冯异朝京师，光武诏曰："仓卒芜蒌亭豆粥，滹沱河麦饭，厚恩久不报。"异曰："臣欲国家无忘河北之难[3]，臣不敢忘巾车之恩[4]。"

【注释】

[1] 滹沱麦饭：滹沱河前的麦饭。《后汉书·冯异传》："及至南宫，遇大风雨，光武引车入道傍空舍，异抱薪，邓禹热火，光武对灶燎衣。异复进麦饭、菟肩。"滹沱河，在河北省西部。麦饭，磨碎的麦煮成的饭。

[2] 芜亭豆粥：在芜蒌亭时的豆粥。《后汉书·冯异传》："及王郎起，光武自蓟东南驰，晨夜草舍，至饶阳无蒌亭。时天寒烈，众皆饥疲，异上豆粥。"芜蒌亭，又作"无蒌亭"。故址在今河北省饶阳县滹沱河滨。豆粥，用豆煮成的粥。

[3]河北之难：指刘秀在河北为王郎所困。

[4]巾车之恩：谓刘秀于巾车乡擒获冯异，旋即赦而录用。

管辂揲蓍　君平卖卜

三国管辂[1]，字公明，平原人。明《周易》，善揲蓍[2]，精于天文、风角[3]、占相之术，每言辄验，人皆藉为指南[4]。

前汉严君平[5]卖卜[6]都市，与臣言忠，与子言孝，与弟言悌[7]，日得百钱，则闭肆[8]饮酒，与人讲《易》。

【注释】

[1]管辂：三国时魏术士。应召为文学掾，官至少府丞。

[2]揲蓍：数蓍草。古代占卜的一种方式。

[3]风角：古代占卜之法。以五音占四方之风而定吉凶。

[4]指南：指导。

[5]严君平：西汉蜀郡人，名遵。扬雄之师，著有《老子指归》。本姓庄，避汉明帝刘庄名讳，史称"严君平"。

[6]卖卜：以占卜谋生。

[7]悌：敬爱兄长。

[8]闭肆：关铺子。

二　沃

不疑偿金　卞和泣玉

前汉直不疑[1]为郎，同舍有告归[2]者，误持同舍郎金去，疑不疑，不疑买金偿之。后告归者还金，亡金郎大惭，以此称为长者[3]。

楚人卞和[4]荆山[5]得璞，两献楚王，皆谓石也，刖[6]其两足。和后抱璞哭之荆山之下，泪尽而继之以血，王乃琢璞而得玉焉，遂名之曰和氏璧。

【注释】

[1] 直不疑：西汉南阳人，文帝时为郎。

[2] 告归：官员告老回乡。

[3] 长者：德高望重的人。

[4] 卞和：又作和氏，春秋楚国人。于荆山上伐薪偶尔得一璞玉，先后献于楚厉王、楚武王，却遭楚厉王、楚武王分别砍去左右脚。后得楚文王识宝，琢成"和氏璧"。

[5] 荆山：山名。在今湖北省南漳县西部。

[6] 刖：断足。古代的一种酷刑。

范丹釜鱼　晏婴脱粟

后汉范丹[1]，字史云。为莱芜[2]令，家贫，人歌曰："甑中生尘[3]范史云，釜里出鱼范莱芜。"

《韩氏春秋》[4]曰：晏婴[5]，字平仲，为齐相，只食脱粟[6]，不食重味[7]。

【注释】

[1] 范丹：一作范冉。陈留人，东汉名士、廉吏。

[2] 莱芜：地名，在今山东济南。

[3] 甑中生尘：与"釜里出鱼"皆谓久已停炊，形容家境极度贫乏穷困。

[4] 韩氏春秋：不详。

[5] 晏婴：春秋时期齐国大夫。字平仲，夷维人，著名政治家、思

想家、外交家。

[6]脱粟：只去皮壳、不加精制的米。

[7]重味：两种以上菜肴。

蔡琰辨弦　王粲覆局

蔡琰[1]，伯喈之女。九岁时，父夜弹琴，一弦绝，琰曰："第二弦也。"父曰："汝偶中耳。"琰曰："季札观乐[2]，知国之存亡；师旷审音[3]，识南风之不竞[4]。以此推之，何不知也？"

王粲[5]观人围棋，局坏，粲能覆[6]之。棋者不信，以帕盖局，更以他局为之，不误一道。其强记如此。

【注释】

[1]蔡琰：东汉末才女。陈留圉人，字文姬，一作昭姬。蔡邕女，博学有才辩。

[2]季札观乐：事见《春秋左传·襄公二十九年》："请观于周乐，使工为之歌《周南》、《召南》，曰：'美哉，始基之矣，犹未也。然勤而不怨矣。'为之歌《邶》、《鄘》、《卫》，曰：'美哉，渊乎！忧而不困者也。吾闻卫康叔、武公之德如是，是其《卫风》乎？'为之歌《王》……见舞《韶箾》者，曰：'德至矣哉，大矣，如天之无不帱也，如地之无不载也。虽甚盛德，其蔑以加于此矣。观止矣，若有他乐，吾不敢请已！'"

[3]师旷审音：事见《春秋左传·襄公十八年》："晋人闻有楚师。师旷曰：不害。吾骤歌北风，又歌南风。南风不竞，多死声，楚必无功。"此二例均指从音乐中领悟道理。

[4]不竞：不振。

[5]王粲：见156页。

[6]覆：复盘。

季札舞韶　周郎顾曲

季札聘鲁，请观周乐。鲁人为歌风雅颂[1]之诗，奏六代[2]之乐，见舞《箾韶》[3]者，曰："德至矣哉，大矣，如天之无不帱[4]也，如地之无不载也。虽甚盛德，其蔑以加[5]于此矣。"

周瑜妙于音律，虽三爵[6]之后少有阙误[7]，瑜必举目瞠视[8]，时人语曰："曲有误，周郎顾[9]。"

【注释】

[1] 风雅颂：《诗经》由风、雅、颂三部分组成。

[2] 六代：指黄帝、唐、虞、夏、殷、周。

[3] 箾韶：舜乐名。

[4] 帱：覆盖。

[5] 蔑以加：无以加。

[6] 三爵：三杯酒。

[7] 阙误：失误。

[8] 瞠视：瞪着眼睛看。

[9] 周郎顾：后为精于音乐者善辨音律的典故。以周瑜年轻，故称周郎。

三　觉

伊尹负鼎　宁戚叩角

《史记》云：伊尹[1]负鼎俎[2]，以滋味说[3]汤，致于王道[4]。

齐宁戚[5]牧牛，叩角[6]歌曰："南山灿，白石烂，中有鲤鱼长尺半。短布单衣才至骭[7]，生不逢尧与舜禅，长夜漫漫何时旦？"桓公[8]闻而召之，立以为相。

【注释】

[1] 伊尹：见43页。

[2] 鼎俎：泛称割烹的用具。

[3] 说：开导、解说。

[4] 王道：一种以仁义治天下的政治主张。

[5] 宁戚：春秋时卫国人，后为齐国大夫。

[6] 叩角：敲牛角。

[7] 骭：小腿。

[8] 桓公：齐桓公。

龚遂劝农　文翁兴学

汉龚遂[1]为渤海[2]太守，民迫饥寒，遂悉捕盗贼，开仓赈济，劝事农桑[3]，百姓富实。

文翁[4]为蜀郡守，民俗恶薄[5]，文翁劝立学校，通经术，弘道德，儒风大行。

【注释】

[1] 龚遂：西汉山阳南平阳人，字少卿。

[2] 渤海：郡名，在今河北沧州一带。

[3] 农桑：农耕与蚕桑。

[4] 文翁：汉庐江舒人。景帝末为蜀郡守。

[5] 恶薄：风气浮薄。

四 质

崔浩盐酒　萧琛战栗

崔浩[1]论事，语至中夜。太宗[2]大悦，赐浩缥醪酒[3]十斛、水晶戎盐[4]一两，曰："朕味卿言若此盐酒，故与卿同此味也。"

梁萧琛[5]预[6]御筵，醉伏，武帝以枣投之，琛乃取栗掷上曰："陛下投臣以赤心，臣敢不报以战栗[7]。"

【注释】

[1] 崔浩：北魏清河东武城人，字伯渊，小名桃简。

[2] 太宗：即北魏明元帝拓跋嗣，庙号太宗。

[3] 缥醪酒：浅青色的美酒。

[4] 戎盐：即岩盐。因产于戎地，故名。

[5] 萧琛：南朝梁南兰陵人，字彦瑜。与梁武帝萧衍等同为竟陵王萧子良"西邸八友"。

[6] 预：参与。

[7] 战栗：发抖。此处双关。

罗含吞卵　江淹梦笔

晋罗含[1]幼孤，叔母所养。尝昼卧，梦吞一鸟卵，起告叔母曰："鸟卵有文彩[2]，故吞之。"自此藻思[3]日进。

江淹[4]梦一丈夫[5]，自称郭璞[6]，曰："吾有笔在卿处，当见还。"淹探怀中五色笔[7]授之。后淹为诗，绝无佳句，时人谓之才尽。

【注释】

[1] 罗含：东晋桂阳耒阳人，字君章。桓温雅重其才，称为"江左之秀"。

[2] 文彩：彩色条纹。双关，又指文采。

[3] 藻思：做文章的才思。

[4] 江淹：字文通，历仕三朝，南朝著名文学家。

[5] 丈夫：男子。

[6] 郭璞：东晋著名文学家，河东闻喜人，字景纯。

[7] 五色笔：五彩妙笔，后以此比喻文才。

六 月

玄素回天 乖崖拜阙[1]

唐太宗欲发卒[2]修洛阳宫，以备巡幸[3]，张玄素[4]上书极谏，即为罢役[5]。魏徵闻之，叹曰："张公论事真有回天之力[6]。"

张咏[7]号乖崖，守成都，兵火[8]之馀，人怀反侧[9]。一日大阅[10]始出，众遂嵩呼[11]者三，乖崖亦下马望东北拜，随众嵩呼，复揽辔而行，众不敢哗。

【注释】

[1] 拜阙：向皇帝居住的宫阙叩拜。表示对皇帝的尊敬。

[2] 发卒：发动士兵。

[3] 巡幸：皇帝巡游驾幸。

[4] 张玄素：蒲州虞乡人，唐代大臣，敢于直谏。

[5] 罢役：停止劳役。

[6] 回天之力：旧以皇帝为天，凡能谏止皇帝改变意志者称回天。

[7] 张咏：见234页。

[8] 兵火：战争。

[9] 人怀反侧：民心不安。

[10] 大阅：大规模地检阅军队。

[11] 嵩呼：《汉书·武帝纪》："翌日亲登嵩高，御史乘属，在庙旁吏卒咸闻呼万岁者三。"后臣下祝颂帝王，高呼万岁，谓之"嵩呼"。

楚王食萍　伯夷采薇

楚王[1]渡江，有物大如斗，直触王舟。王使人问孔子，孔子曰："此名萍实[2]，惟霸者能获之。可剖而食之。"王食大美。弟子问曰："子何以知之？"孔子曰："吾昔过陈[3]，闻童谣曰：楚王渡江，得萍实。大如斗，赤如日。剖而食之甜如蜜。"

武王[4]已平殷乱，伯夷[5]、叔齐[6]耻之，义不食周粟[7]，隐于首阳山[8]，采薇[9]而食之。或曰："粟固周粟，薇亦周薇。"夷、齐遂不食而死。

注释】

[1] 楚王：楚昭王。芈姓，熊氏，名壬，又名轸，楚平王之子，春秋时期楚国国君。

[2] 萍实：后以"萍实"谓甘美的水果。

[3] 陈：地名。古宛丘地，春秋时陈国国都，在今河南省淮阳区。

[4] 武王：周武王姬发。

[5] 伯夷：商末孤竹国人，商纣王末期孤竹国君主亚微的长子。

[6] 叔齐：伯夷的弟弟。相传其父遗命要立次子叔齐为继承人。孤竹君死后，叔齐让位给伯夷，伯夷不受，叔齐也不愿登位，先后都逃到周国。

[7] 周粟：周代的禄食。

[8] 首阳山：山名。其地何在，众说不一。

[9] 采薇：采薇草为食。后以此指归隐。

右秉白旄　左仗黄钺

《牧誓》[1]：时甲子昧爽[2]，王朝至于商郊牧野[3]，乃誓，王左仗黄钺[4]，右秉白旄[5]以麾[6]，曰："逖[7]矣西土之人[8]。"

【注释】

[1] 牧誓：《尚书》中的篇名，是周武王伐纣的誓师词。

[2] 甲子昧爽：甲子日的黎明。甲，天干的首位；子，地支的首位。

[3] 牧野：古代地名。在今河南省淇县南。

[4] 黄钺：饰以黄金的长柄斧子。天子仪仗，亦用以征伐。

[5] 白旄：古代的一种军旗。竿头以牦牛尾为饰，用以指挥全军。

[6] 麾：指挥。

[7] 逖：远。

[8] 西土之人：随同而来的西方各部将士。

蜀犬吠日[1]　吴牛喘月[2]

韩文[3]：蜀中少日，每日出则群犬吠之。

《风俗通》[4]云：吴牛苦于日，故见月而喘。

【注释】

[1] 吠日：后以此指少见多怪。

[2] 喘月：吴地之牛畏热，见月疑日而气喘。

[3] 韩文：指唐代韩愈的《与韦中立论师道书》。

[4] 风俗通：东汉应劭《风俗通义》。

七 谒

辛毗引裾　樊哙排闼

魏辛毗[1]为侍中[2]，时上[3]欲徙冀州[4]人户实河南，毗乃进谏。上作色[5]拒之，起入内。毗入而引其裾，上奋衣而起，乃徙其半。

汉高有疾，卧禁中[6]，诏近臣毋得入。哙乃排闼[7]入，见帝枕二宦者[8]卧，哙流涕曰："陛下昔日何壮，今日何惫！不幸有疾，不见近臣，乃亲宦者。独不见赵高[9]之事乎？"帝笑而起。

【注释】

[1] 辛毗：三国魏颍川阳翟人，字佐治，好直谏。

[2] 侍中：古代职官名，为正规官职外的加官之一。侍从皇帝左右，出入宫廷，与闻朝政。

[3] 上：魏文帝曹丕。

[4] 冀州：见179页。

[5] 作色：脸上变色。指神情变严肃或发怒。

[6] 禁中：指帝王所居宫内。

[7] 排闼：推门，撞开门。

[8] 宦者：宦官。

[9] 赵高：秦二世时丞相，著名宦官。秦始皇死后，发动沙丘政变，逼秦始皇长子扶苏自杀，另立秦始皇幼子胡亥为帝，是为秦二世，并自任郎中令。

慕容铸马　徐邈画獭

慕容廆[1]有马骏逸无比，鲍氏[2]铸铜以图其像，亲为铭赞[3]，镌颂其旁，像成而马死矣。

魏徐邈[4]善画。明帝[5]游洛水，见白獭[6]爱之，不可得。邈曰："獭嗜鲻鱼，乃不避死。"遂画板作鲻鱼[7]，悬岸上，群獭竞来，一时执得。帝曰："卿画何其神也！"

【注释】

[1]慕容廆：十六国时辽东昌黎棘城人，鲜卑族首领。

[2]鲍氏：即西汉的鲍宣。宣子永、永子昱，三世皆为司隶校尉。此处以鲍氏指代司隶校尉。

[3]铭赞：铭、赞，皆古代文体。

[4]徐邈：三国时期燕国蓟人，字景山。曹魏重臣，颇有政绩。

[5]明帝：魏明帝曹叡，字元仲，豫州沛国谯县人，魏文帝曹丕长子。

[6]白獭：一种神话传说中的动物，其骨髓是珍贵的药物。

[7]鲻鱼：一种淡水鱼。

九　屑

邓通铜山　郭况金穴

汉文帝宠爱邓通[1]，有人相[2]通曰："当饿死。"帝曰："富贫在我。"乃赐通蜀道铜山[3]，命其铸钱，号邓通钱。后景帝[4]时，通果饿死。

郭况[5]为光武后弟，帝数幸其第，赐金亡算[6]，京师号郭家金穴。

【注释】

[1] 邓通：西汉文帝宠臣，凭借谄媚奉承，广开铜矿，富甲天下。

[2] 相：看相。

[3] 铜山：蕴藏、出产铜矿的山。

[4] 景帝：汉景帝刘启。详见 90 页。

[5] 郭况：真定槁人。东汉光武帝刘秀皇后郭圣通之弟。

[6] 亡算：不计其数，极言其多。

秦彭攀辕　侯霸卧辙[1]

汉秦彭[2]为颍川太守，政治宽和。及去任，老幼攀辕[3]号泣。

侯霸[4]守淮平[5]，更始[6]召还，百姓号哭，遮使者车，或当辙而卧，曰："愿留侯期年[7]。"

【注释】

[1] 卧辙：躺在车辙处。比喻留恋良吏，不忍其离去。

[2] 秦彭：东汉扶风茂陵人，字伯平。以礼教人，不任刑罚。

[3] 攀辕：攀着车辕。辕，车前驾牲口的直木。

[4] 侯霸：东汉河南密人，字君房。笃志好学，理政有能。

[5] 淮平：地名，今江苏省盱眙县一带。

[6] 更始：见 163 页。

[7] 期年：一年。

淳于炙輠　彦国吐屑

齐淳于髡[1]博学强识，齐人颂曰："炙輠[2]过髡。"輠，车之盛膏器也。炙之虽尽，犹有馀流，言其智不可尽也。

晋胡毋辅之[3]字彦国，吐佳言[4]如锯木屑，霏霏[5]不绝也。

【注释】

[1]淳于髡：战国时人。齐人赘婿。学问渊博，多辩才。

[2]炙輠：輠，古时车上盛贮油膏的器具。輠烘热后流油，润滑车轴。比喻言语流畅风趣。

[3]胡毋辅之：西晋泰山奉高人，字彦国。嗜酒任达，不视郡事。

[4]佳言：良言。

[5]霏霏：飘洒飞扬貌。

列子御风　杨时立雪

列子[1]修道，心无挂碍[2]，飘飘然若御风[3]而行。琴操中有《列子御风》，疑即庄子所言列御寇也。

杨时[4]为伊川先生[5]弟子。一日侍先生侧，先生隐几[6]卧，时不敢去。候其寤，则门外雪深尺馀矣。

【注释】

[1]列子：即列御寇，战国时郑国人。相传与郑穆公同时，或以为先于庄子。主张清静无为，尚玄虚，被道家尊为前辈。

[2]挂碍：阻碍。

[3]御风：乘风飞行。

[4]杨时：字中立，号龟山，南剑西镛州龙池团人，北宋学者。此故事即"程门立雪"，后作尊师重道的典故。

[5]伊川先生：程颐，洛阳伊川县人，字正叔，世称伊川先生。北宋理学大家。

[6]隐几：靠着几案。

贾郁铁船　王济金埒

贾郁[1]为仙游[2]令，受代[3]，有吏酗酒，郁怒，曰："吾再典[4]此邑，必惩此辈。"吏曰："此铁船过海[5]也。"后郁复典是邑，吏盗库钱数万，郁治之，判曰："窃铜镪[6]以润[7]家，非因鼓铸[8]；造铁船而渡海，不假[9]炉锤。"决杖徒之。

晋王济[10]被责，移居北山[11]，买地为马埒[12]，布钱绕地，时人号金钱埒。

【注释】

[1] 贾郁：字文正，五代时侯官人。峭直不容人过，守正奉法，以风赇吏，吏畏惮之。

[2] 仙游：地名，在今福建省莆田市。

[3] 受代：旧时谓官吏任满由新官代替为受代。

[4] 典：管理。

[5] 铁船过海：指贾郁再回仙游任职是不可能的事。

[6] 铜镪：铜钱。

[7] 润：使得到好处。

[8] 鼓铸：鼓风扇火，冶炼金属，铸造器械或钱币。

[9] 假：凭借。

[10] 王济：见227页。《晋史》说他"性豪侈"。

[11] 北山：即北邙山。在今河南洛阳市东北。

[12] 马埒：习射之驰道。两边有界限，使不致跑出道外。

献之一班　郑虔三绝

王献之[1]数岁时观门生樗蒲[2]，曰："南风不竞[3]。"

门生曰:"此郎于管中窥豹[4],时见一班。"献之怒,拂衣而去。

郑虔[5],唐玄宗爱其才,置广文馆[6]以为博士[7]。虔善书画,常自写其诗并画以献,帝大署其尾曰"郑虔三绝[8]"。

【注释】

[1] 王献之:字子敬,小名官奴,祖籍琅琊临沂,生于会稽山阴。东晋书法家,王羲之第七子。

[2] 樗蒲:古代博戏名。汉代即有之,晋时尤盛行。以掷骰决胜负,得采有卢、雉、犊、白等称,视掷出的骰色而定。其术久废,后为掷骰的泛称。

[3] 南风不竞:比喻竞赛中一方失利。

[4] 管中窥豹:谓从管子中看豹,只看到豹身上的一块斑纹。后用以比喻只见到事物的一小部分。

[5] 郑虔:字若齐,一作弱齐,郑州荥泽县人,唐代文学家、书法家、画家。

[6] 广文馆:唐宋国子监下属补习性质的学校。

[7] 博士:古代学官名。职责是教授、课试,或奉使、议政。

[8] 三绝:诗、书、画。

羊侃抶槛　来瑱嚼铁

羊侃[1]膂力绝人,仕魏,人称虎将。魏帝曰:"郎官谓卿虎,试作虎状。"侃因伏地,以手抶[2]殿槛没指[3]。

唐来瑱[4]为颍川太守,贼攻城,来射,皆应弦而仆[5],贼拜城下请降,称为来嚼铁[6]。

【注释】

[1] 羊侃：南北朝时期名将。泰山梁甫人，字祖忻。早年出仕北魏，后率部南归梁朝。

[2] 抉：挖。

[3] 没指：没过手指。

[4] 来瑱：邠州永寿人。唐朝名臣，以忠义闻名。

[5] 仆：倒。

[6] 嚼铁：因其英勇无比，故称。

弘演纳肝　嵇绍浣血

弘演[1]，卫臣，奉使未还，狄人[2]杀懿公[3]，食其肉而独舍其肝。演至，则报使于肝，呼天而哭之曰："臣请为襮[4]。"因自刳[5]其腹，纳懿公之肝而死。

晋成都王颖[6]反，惠帝[7]亲征，颊中三矢，百官侍御皆散，嵇绍[8]朝服登辇，以身卫帝。兵入，引绍斫[9]之，血溅帝衣，左右请浣，帝曰："嵇侍中血，勿浣也。"

【注释】

[1] 弘演：春秋时期卫国大夫，为国君器重。

[2] 狄人：古代北方的民族，长期活动于齐、鲁、晋、卫、宋、郑等国之间。

[3] 懿公：春秋时卫国国君，名赤。淫乐奢侈，为狄人所杀。

[4] 襮：包袱。

[5] 刳：剖开。

[6] 成都王颖：西晋成都王司马颖，"八王之乱"参与者，司马炎十六子。

273

[7]惠帝：晋惠帝司马衷。详见186页。

[8]嵇绍：字延祖。谯国铚县人。西晋时期名臣、文学家，嵇康之子。其以身捍帝，中流矢死，血溅帝衣。后以"嵇侍中血"指忠臣之血。

[9]斫：砍。

伊耆蒉桴　叔孙绵蕞

《礼记[1]·明堂[2]位》曰："土鼓[3]、蒉桴[4]、苇籥[5]，伊耆[6]氏之乐也。"

汉叔孙通[7]与其徒百馀人为绵蕞[8]野外，习之礼成。高祖令群臣演习，莫不振恐肃敬。帝曰："吾今日方知天子之贵也。"

【注释】

[1]礼记：儒家经典之一。为秦汉以前各种礼仪论著的选集。相传大都由孔子弟子及其后学所记，由西汉戴圣编纂。

[2]明堂：古代帝王宣明政教的地方。

[3]土鼓：古乐器名。鼓的一种。

[4]蒉桴：用草和土抟成的鼓槌。

[5]苇籥：古代用芦苇做成的管乐器。

[6]伊耆：古帝号。即神农，一说即帝尧。

[7]叔孙通：秦朝薛县人，初为秦待诏博士，后被秦二世封为博士。归刘邦后，任博士，号稷嗣君，与诸生共立朝仪。

[8]绵蕞：引绳为"绵"，束茅以表位为"蕞"，指制订整顿朝仪典章。

十 药

褒姒烽火　妲己炮烙

幽王[1]宠褒姒[2],不好笑。王说之万方[3],不笑。乃举烽火[4]以戏诸侯,诸侯兵至而无寇,褒姒乃大笑。

商纣肆虐[5],妲己[6]以为罚轻威不立,王为铜柱,以膏[7]涂之,加于炭火上,令有罪者抱之,辄堕火中,以取妲己笑,名曰炮烙[8]之刑。

【注释】

[1]幽王:周幽王,姬姓,名宫湦,西周末代国君。

[2]褒姒:西周人。姒姓,周幽王王妃。幽王三年,为褒人所进,生性不爱笑。褒,周代诸侯国名,在今陕西省勉县东南。

[3]万方:多种办法。

[4]烽火:古时边防报警的烟火。

[5]肆虐:恣意残杀或迫害。

[6]妲己:商纣王的宠妃。有苏氏女,姓己名妲,助纣为虐。

[7]膏:油脂。

[8]炮烙:一种酷刑。

绿珠堕楼　关盼闭阁

石崇妾绿珠[1]有殊色,步沉香屑[2]上,身轻无迹,以珍珠百琲[3]聘[4]之。后孙秀[5]向崇索绿珠,崇不肯与。秀谮于赵王伦,戮之。珠闻崇死,从高楼堕地,骸骨俱碎。

张建封[6]舞妓关盼盼[7]，公薨，誓不他适[8]，居燕子楼[9]二十余年，有诗三百首，白乐天为之作序。又作二绝云："满窗明月满楼霜，被冷灯残拂卧床。燕子楼中霜月苦，秋宵只为一人长。""今春有客洛阳回，曾到尚书冢上来。见说白杨堪作柱，争教红粉不成灰。"盼盼见诗，坠楼而死。

【注释】

[1]绿珠：西晋石崇的爱妾。

[2]沉香屑：用沉香制作的香烧完后的灰屑。

[3]百琲：琲，珠五百枚。极言珍珠之多。

[4]聘：迎娶。

[5]孙秀：西晋琅琊人，字俊忠。初为琅琊小吏，以谄媚自达，为赵王司马伦亲信。

[6]张建封：唐代大臣。邓州南阳人，客居兖州，字本立。

[7]关盼盼：唐代徐州人，名妓。南宋陈振孙《白文公年谱》考定其为张建封之子张愔爱妾。

[8]他适：改嫁。

[9]燕子楼：楼名。在今江苏省徐州市，相传为关盼盼居所。

陶侃梭龙　卫懿轩鹤

陶侃[1]少时捕鱼雷泽[2]，得一梭，还，挂壁间，有顷[3]，雷雨交作，梭变为赤龙，腾空而去。

卫懿公好鹤，鹤有乘轩[4]者。及狄人伐卫，受甲者[5]皆曰："鹤有禄位[6]，何不使战？"卫以是亡。

【注释】

[1]陶侃：206页。

[2] 雷泽：古泽名。在河南省范县东南接山东省菏泽市界。《异苑》谓陶侃得飞梭于钓矶山，在今江西南昌市。

[3] 有顷：不久。

[4] 乘轩：乘坐大夫的车子。

[5] 受甲者：士兵。

[6] 禄位：俸给与爵次。

吴起旗鼓　寇准锁钥

吴起临战，左右进剑，起曰："将专主旗鼓[1]，临难决疑[2]，挥兵指刃，此将事也。一剑之任，非将事也。"

王钦若[3]谮寇准，出准知天雄军[4]。北使[5]过谓准曰："相公望重，何以不在中书[6]？"准曰："皇上以朝廷无事，北门锁钥[7]非准不可耳。"

【注释】

[1] 旗鼓：旗与鼓。古代军中指挥战斗的用具。

[2] 决疑：解决疑难问题。

[3] 王钦若：字定国，新喻人。北宋时期奸臣，主和派代表人物。

[4] 天雄军：军是宋代的行政区划，北宋的天雄军辖区在今河北省大名县一带。

[5] 北使：北国的使臣。此指辽国使臣。

[6] 中书：古代皇帝直属的中枢官署之名。此指政事堂。

[7] 北门锁钥：北门，北方边境关隘。锁钥，锁和钥匙，比喻极其重要、起决定作用的因素。

顾恺云霞　谢鲲丘壑

顾恺之[1]从会稽还，人问山川之美，顾云："千岩竞秀，万壑争流，草木蒙笼其上，若云兴霞蔚[2]。"

明帝[3]问谢鲲[4]："君自谓何如庾亮[5]？"答曰："端委[6]庙堂，使百僚准则，则臣不如亮。一丘一壑[7]，自谓过之。"

【注释】

[1]顾恺之：见120页。

[2]云兴霞蔚：云气升起，彩霞聚集。喻景物绚丽多彩。

[3]明帝：晋明帝司马绍，字道畿，河内温县人，晋元帝司马睿长子。

[4]谢鲲：陈郡阳夏人，字幼舆。东晋官员。

[5]庾亮：颍川鄢陵人，字元规。东晋时期名臣、名士。

[6]端委：古代礼服。

[7]一丘一壑：《汉书·叙传上》："渔钓于一壑，则万物不奸其志；栖迟于一丘，则天下不易其乐。"后因以"一丘一壑"指退隐在野，放情山水。

顾画通灵　杜诗断疟

顾长康[1]以妙画一厨[2]寄桓玄[3]，玄乃发厨后壁取之。及顾来索画，见封题如故，而画并不存，直云妙画通灵，变化而去。

杜工部[4]客有病疟[5]者，甫戏云："诵吾诗可断疟。"乃即诵"手提髑髅血"[6]句，果愈。

【注释】

[1]顾长康：即顾恺之。详见120页。

[2] 一厨：一柜。

[3] 桓玄：东晋谯国龙亢人，字敬道。桓温子，东晋将领、权臣。

[4] 杜工部：唐代诗人杜甫，因曾任检校工部员外郎，故称"杜工部"。

[5] 疟：疟疾。

[6] 手提髑髅血：杜甫《戏作花卿歌》："子章髑髅血模糊，手提掷还崔大夫。"

十一 陌

太宗白龙　钱镠蜥蜴

唐太宗尝饮于刘文靖[1]家，醉卧。文靖见宅南大池中有白龙下饮水池中，大鱼皆跃上岸。太宗醒，谓文靖曰："醉中渴甚，梦入公家池中饮水，极清冷快意。"文靖视其体犹湿也。

钱镠[2]王宫中使老媪监更[3]。一夕，有蜥蜴噙[4]油，既竭而忽然不见。〔明〕日，王曰："吾昨夜梦饮麻膏[5]而饱。"更媪骇异。

【注释】

[1] 刘文靖：即刘文静，字肇仁，京兆武功县人，唐朝宰相、开国功臣。

[2] 钱镠：见24页。

[3] 监更：值班报时。

[4] 噙：吸取。

[5] 麻膏：麻油。

栾巴噀酒　王乔飞舄

汉栾巴[1]为尚书，正旦[2]大会群臣，巴乃含酒向西南噀[3]之，帝问其故，答曰："成都失火，臣乃救之。"后成都奏闻元旦失火，大雨扑灭，雨皆酒气。

王乔[4]，明帝[5]时为尚书郎，出为叶[6]令。每月朔旦[7]，常自县来朝。帝怪其来数而不见车骑[8]，令太史伺之。将至，见其有双凫[9]从南来，举网张之，得二舄[10]，乃所赐尚书履也。

【注释】

[1] 栾巴：东汉魏郡内黄人，一说蜀郡人，字叔元，博涉经典。

[2] 正旦：正月初一。

[3] 噀：喷。

[4] 王乔：东汉河东人，相传有神术。

[5] 明帝：汉明帝，见60页。

[6] 叶：叶县，在今河南省平顶山市。

[7] 朔旦：初一早上。

[8] 车骑：车马。

[9] 双凫：两只野鸭。

[10] 舄：重木底鞋，古时最尊贵的鞋，多为帝王大臣所穿。

和峤专车　管宁割席

和峤[1]为中书令，旧制与监令[2]共车入朝。苟勖[3]为监令，峤鄙其为人，自乘高车[4]，专驰而入。

管宁[5]与华歆[6]同〔席〕读书，有乘轩冕[7]者过门，歆出看之，宁曰："丈夫富贵须自致[8]。子艳羡他人，非吾友也。"遂割席[9]分坐。

【注释】

[1] 和峤：字长舆，汝南西平人，曹魏后期至西晋初年大臣。

[2] 监令：中书监令，掌赞诏命，记会时事，典作文书。

[3] 苗晶：应作"荀勖"，西晋大臣。颍川颍阴人，字公曾。晋武帝即位，拜中书监。

[4] 高车：高大的车，贵显者所乘。

[5] 管宁：字幼安，北海郡朱虚人，高节不仕。与华歆、邴原并称为"一龙"，华歆为龙头，邴原为龙身，管宁为龙尾。

[6] 华歆：字子鱼，汉族。平原郡高唐县人。汉末至三国曹魏初年名士、大臣。

[7] 轩冕：古时大夫以上官员的车乘和冕服。

[8] 自致：凭主观努力而得。

[9] 割席：后以"割席"谓朋友绝交。

北海[1]开樽[2] 东山[3]折屐[4]

孔融为北海相，欲靖[5]汉室之乱，志不能遂，多致宾客，终日宴饮。尝曰："座上客常满，樽中酒不空，吾无忧矣。"

谢安命侄谢玄与苻坚对敌，安方对客围棋，捷书适至，安看毕，了无喜色，奕棋如故。客问之，徐[6]答云："小儿辈[7]遂已破贼。"既罢，还内，过〔户〕限，心喜甚，不觉屐齿之折。

【注释】

[1] 北海：郡名。治所在今山东昌乐县东南。

[2] 开樽：举杯。

[3]东山：指谢安，因其曾隐居东山，故称谢东山。

[4]折屐：后以"折屐"形容心中狂喜。

[5]靖：平定。

[6]徐：缓缓。

[7]小儿辈：小子们。

常林带经　高凤漂麦

魏常林[1]好学，带经耕锄。其妻饷[2]之，虽在田野，相敬如宾[3]。

后汉高凤[4]曝麦[5]于庭，妻令凤持竿逐鸡。凤持卷读书。天忽大雨，流水漂麦，兀坐[6]不知。

【注释】

[1]常林：三国魏国大臣，河内温人，字伯槐，所治有绩。

[2]饷：送饭。

[3]相敬如宾：相处如待宾客，形容夫妻互相尊敬。《左传·僖公三十三年》："初，臼季使，过冀，见冀缺耨，其妻馌之，敬，相待如宾。"

[4]高凤：东汉大儒。南阳叶人，字文通。少专精诵读，昼夜不息。

[5]曝麦：晒麦子。

[6]兀坐：独自端坐。

邹阳长裾　王符缝掖

前汉邹阳[1]仕于吴王濞[2]，闻王有逆谋[3]，上书谏之，有云："蛟龙骧首[4]则霖雨咸集，今臣饰固陋之心，何王之门不可曳长裾[5]乎？"

后汉王符[6]好学，隐居著书。时皇甫规[7]解官归，乡人皆贺。雁门[8]太守谒规，规卧不起。闻符至，倒屣[9]迎之。时语曰："今见二千石[10]，不如一缝掖[11]。"

【注释】

[1]邹阳：西汉齐郡临淄人。以文辨知名，景帝时从吴王濞，上书劝勿叛汉，不听，后投梁孝王。

[2]吴王濞：吴王刘濞，沛县人，汉高祖刘邦之侄。

[3]逆谋：谋反之心。

[4]骧首：抬头。

[5]曳长裾：拖着衣襟，指作门客。

[6]王符：东汉安定临泾人，字节信。耿介不同于俗，终生不仕，著《潜夫论》。

[7]皇甫规：东汉安定朝那人，字威明。有兵略，熟知西北边郡事。

[8]雁门：郡名，在今山西省代县北部。

[9]倒屣：急于出迎，把鞋倒穿。

[10]二千石：汉制，郡守俸禄为二千石，即月俸百二十斛。世因称郡守为"二千石"。

[11]缝掖：大袖单衣，古儒者所服。亦指儒者。

瓘靖二妙　湛岳连璧

晋卫瓘[1]、索靖[2]皆〔善〕书法，为尚书郎，时号一台[3]二妙，谓瓘得伯英[4]之筋，靖得伯英之骨。

潘岳[5]、夏侯湛[6]并美姿容，每同起居，时人谓之连璧[7]。

【注释】

[1]卫瓘：西晋书法家、大臣。河东安邑人，字伯玉。

[2] 索靖：见 96 页。

[3] 一台：指尚书台。

[4] 伯英：东汉书法家张芝，字伯英，人称"草圣"。

[5] 潘岳：见 95 页。

[6] 夏侯湛：西晋文学家，谯国谯人，字孝若。与潘岳为好友，亦相貌俊美。

[7] 连璧：并列的美玉。

郝隆晒书　孙楚漱石

晋郝隆[1]，七月七日人皆晒衣[2]，隆于中庭[3]向日仰卧。人问之，曰："我贫无所有，惟晒腹中书[4]耳。"

晋孙楚[5]，字子荆。少欲隐居，误言"枕流漱石"[6]。或曰："流可枕，石可漱乎？"楚曰："所以枕流，以洗吾耳；所以漱石，以砺吾齿。"

【注释】

[1] 郝隆：字佐治，汲郡人。东晋名士，生性诙谐。

[2] 晒衣：旧俗七月七日曝衣。

[3] 中庭：庭院之中。

[4] 晒腹中书：盖自谓满腹诗书。后为仰卧曝日之典。

[5] 孙楚：西晋官员，太原中都人，字子荆，为人恃才傲物。

[6] 枕流漱石：后为归隐之典实。洗耳、砺齿，均表示高洁。

思光权居　玄真泛宅

张融[1]字思光。给假[2]东出，世祖问："融住在何处？"答曰："臣陆处无居，舟居非水。"后上问其从兄绪[3]，绪曰："融东出未有居止，权[4]牵小舟于岸上住。"

张志和[5]号玄真子。谒刺史颜真卿[6]，舟甚敝，真卿欲馆之，谢曰："愿为浮家泛宅[7]，与鸥上下于烟水间耳。不愿于尘土中埋侠骨[8]也。"

【注释】

[1] 张融：见214页。

[2] 给假：休假。

[3] 从兄绪：张绪，南朝齐吴郡吴人，字思曼，为人清简寡欲。从兄，堂兄。

[4] 权：权且。

[5] 张志和：字子同，初名龟龄，号玄真子，隐居湖州。

[6] 颜真卿：见39页。时颜真卿任湖州刺史。

[7] 浮家泛宅：谓以船为家，浪迹江湖。

[8] 侠骨：侠义的性格。

文成选青　张奭曳白

唐张鷟[1]字文成，举制科甲第[2]。员半千[3]称鷟文犹青铜钱[4]，万选万中。时号青钱学士。

天宝二年，以御史中丞张倚[5]子奭为第一，议者蜂起。玄宗覆试[6]，奭终日不成一字，人谓之"曳白"[7]。

【注释】

[1] 张鷟：唐代文学家。深州陆泽人，字文成，自号浮休子。

[2] 甲第：科举考试中的第一等。《新唐书·选举志上》："凡进士，试时务策五道、帖一大经，经、策全通，为甲第。策通四、帖过四以上，为乙第。"

[3]员半千：唐代贤臣。晋州临汾人，字荣期，本名馀庆。

[4]青铜钱：用青铜铸的钱币，为铜钱中的上品。

[5]张倚：唐代大臣。天宝二年，贬为淮阳太守。

[6]覆试：再考一次。

[7]曳白：交白卷。

奚恤虎皮　伏波马革

楚王问群臣："北方畏昭奚恤[1]，何哉？"江乙曰："虎得一狐，狐曰：'子毋食我。天帝令我长百兽，不信，吾先行，子随后观。'兽见皆走。虎不知兽畏虎，以为畏狐[2]也。今北方非畏昭奚恤，畏王甲兵也。"

马援征交趾还，故人孟冀[3]劳之，援曰："男儿要当死于边野，以马革裹尸[4]还葬耳。何能卧床上死儿女手中耶？"冀曰："谅为烈士[5]。"

【注释】

[1]昭奚恤：战国时楚国人，楚宣王将。

[2]畏狐：即"狐假虎威"的故事。

[3]孟冀：东汉人，马援的故友。

[4]马革裹尸：用马皮把尸体包裹起来。谓英勇作战，死于战场。

[5]谅为烈士：确实是为国建功立业的人。

十二　锡

敬德煅冶　陶侃运甓

隋末有人居邻官库[1]，穴而入，有金甲神守之，曰："此尉迟敬德[2]钱窖，其帖来则可取。"是人访一锻铁人，同其名，向彼贷钱五百贯。尉迟怒曰："吾打铁人，焉有钱？侮我耳。"是人曰："若能见悯，第赐一帖足矣。"遂笑而书之。是人复入，见神，照帖予之。后尉迟佐太宗得天下，赐钱一库，阅簿，缺五百贯，检库中得一帖，乃打铁时所书帖也。

陶侃为广州刺史，在州无事，朝运百甓[3]于斋外，暮运于斋内。人问之，答曰："吾方致力中原[4]，过尔优逸，恐不堪事[5]，故自劳耳。"

【注释】

[1]官库：官方储存钱财之所。

[2]尉迟敬德：唐代名将，朔州善阳人，名恭，字敬德。

[3]甓：砖。后以运甓比喻刻苦自励。

[4]致力中原：致力于收复中原。

[5]不堪事：不能任事。

蔡邕为碑　陈琳作檄

郭泰卒，蔡邕为碑，曰："吾为碑铭多矣，未尝不有惭容，惟郭有道[1]铭无愧耳。"

袁绍[2]使陈琳[3]作檄，数曹操罪恶，连及家世，极其丑诋[4]。及琳归操，操曰："卿昔为本初移书[5]，但可罪状孤身，何乃上及父祖邪？"琳谢罪，操释之，使与阮瑀[6]俱管记室[7]。

【注释】

[1]有道：汉代选举科目之一。郭泰曾被太常赵典举为有道，故称郭有道。

[2]袁绍：东汉汝南汝阳人，字本初。出身四世三公之大族，好交

结养士。与曹操争雄,战于官渡。

[3] 陈琳:东汉末广陵人,字孔璋,建安七子之一。

[4] 丑诋:丑化诋毁。

[5] 移书:发送檄文。

[6] 阮瑀:东汉末陈留尉氏人,字元瑜,建安七子之一。

[7] 记室:官名,掌章表书记文檄。

孙敬闭户　匡衡凿壁

楚孙敬[1]好学,常闭户[2]读书,足迹不至城市,儿童见之,皆曰:"闭户先生来矣。"

前汉匡衡[3]好学,家贫无油[4],凿邻家壁,引灯光读书。后官至二千石。

【注释】

[1] 孙敬:见34页。

[2] 闭户:指人不预外事,刻苦读书。

[3] 匡衡:西汉大臣。东海承人,字稚圭。此即凿壁偷光之事,后引为刻苦攻读之典。

[4] 油:灯油。

弄猴赐袍　刑天舞戚

唐昭宗[1]播迁[2],随驾有弄猴[3]能随班[4]起居,昭宗赐以绯袍[5],号供奉[6]。朱梁[7]篡位,望见全忠,跳跃奋击。

刑天,兽名,即浑沌[8],见《山海经》[9],能挟干戚[10]而舞。陶渊明诗"刑天舞干戚"[11],今误作"形夭无千岁"。

【注释】

[1] 唐昭宗：李晔，唐朝第十九位皇帝。天复元年，宦官韩全诲劫帝走凤翔，依节度使李茂贞。

[2] 播迁：迁徙，流离。

[3] 弄猴：用以玩乐的猴子。

[4] 随班：谓依照官位等次入朝供奉。

[5] 绯袍：红色官服。

[6] 供奉：以某种技艺侍奉帝王的人。

[7] 朱梁：指五代后梁，为朱温所建，故称。朱温，唐僖宗赐名朱全忠，唐末军阀。后杀昭宗，代唐称帝。

[8] 浑沌：神话中的一种兽名。《神异经·浑沌》："昆仑西有兽焉，其状如犬，长毛四足，似熊而无爪，有目而不见，行不开，有两耳而不闻，有人知往，有腹无五脏，有肠，直而不旋，食物径过。人有德行，而往牴触之；有凶德，则往依凭之。天使其然，名曰浑沌。"

[9] 山海经：我国古代地理名著，大约成书于战国时期。《山海经·海外西经》："刑天与帝争神，帝断其首，葬之于常羊之山。乃以乳为目，以脐为口，操干戚以舞。"

[10] 干戚：盾与斧。

[11] 刑天舞干戚：见陶渊明诗《读山海经·其十》。

十三 职

米颠捧研　王肃赠墨

徽宗[1]与蔡京[2]论书艮岳[3]，召米芾[4]至，令书大屏，命左右取御前端研，使就而用之。书毕，芾捧研跪曰："此研经臣濡染，不堪复以进御，取进止[5]。"

上大笑，因以赐之，芾舞蹈趋出，馀墨沾渍袍袖，而喜见颜色。上顾京曰："颠名不虚得也。"

北魏王肃[6]注《易》东斋，夜有女子从地中出，赠墨一丸，但用丸墨[7]，便觉才思开敏。

【注释】

[1] 徽宗：宋徽宗赵佶，为政昏庸，擅书法绘画。

[2] 蔡京：北宋权臣、书法家。兴化军仙游人，字元长。

[3] 艮岳：山名。在今河南开封城内东北隅。宋徽宗政和七年于汴梁东北作万岁山，宣和四年徽宗自为《艮岳记》，以为山在国都之艮位（即东北方），故名艮岳。

[4] 米芾：北宋书法家，字元章。以其行止违世脱俗，倜傥不羁，人称"米颠"。

[5] 取进止：古代奏疏末所用套语，犹言听候旨意，以决行止。

[6] 王肃：字子雍。东海郡郯县人，三国时曹魏著名经学家。此王肃非北魏王肃，北魏王肃乃琅琊临沂人，字恭懿。

[7] 丸墨：古代墨以丸计，故称墨为"丸墨"。

懿宗赐花　和凝彻棘

唐懿宗[1]开新第[2]，宴于同江[3]，乃命折花一金合[4]，令中官[5]驰至宴所，宣口敕[6]曰："便令戴花饮酒。"无不为荣。

和凝[7]知贡举[8]，时进士喜为喧哗，以动主司[9]。放榜[10]则围之以棘，闭省门[11]，绝人出入。凝彻棘围[12]，开省门，而士肃然无哗，所取皆一时之英，称为得人[13]。

【注释】

[1] 唐懿宗：李漼，唐宣宗长子，笃信佛教。

[2] 新第：新建的宅子。

[3] 同江：按，《天中记》，应为"曲江"，即曲江池，在今陕西省西安市东南，为唐人游赏胜地。

[4] 金合：金盒。

[5] 中官：宦官。

[6] 口敕：口谕。

[7] 和凝：五代时郓州须昌人，字成绩。性乐善，常称道后进。文章以多为富，长于短歌艳词。

[8] 知贡举：见174页。

[9] 主司：科举的主试官。

[10] 放榜：考试后公布被录取者名单。

[11] 省门：指礼部衙门。亦指礼部试进士的场所。

[12] 棘围：指科举时代的考场。唐、五代试士，以棘围试院以防弊端，故称。

[13] 得人：取士得当。

十四　缉

虞卿担簦　苏章负笈

虞卿[1]，齐人，担簦[2]说赵成王[3]，初见赐金万镒，再见拜为上卿[4]。

前汉苏章[5]不仕，负笈[6]从师，不远千里。

【注释】

[1] 虞卿：战国时人，游说之士。主张以赵为主，合纵抗秦。

[2] 担簦：背着伞。谓奔走、跋涉。

[3] 赵成王：赵孝成王，战国时赵国国君，名丹。

[4] 上卿：古官名。周制天子及诸侯皆有卿，分上中下三等，最尊贵者谓"上卿"。

[5] 苏章：西汉北海人，字游卿。儒生。王莽秉政时，辞官不仕。

[6] 负笈：背着书箱。指游学外地。

马安四至　应璩三入

前汉司马安[1]少与汲黯[2]为太子洗马，安才高政善，四至九卿[3]。

应璩[4]为侍郎，又为常侍，又为侍中，尝作诗云："问我何功德，三入承明庐[5]。"

【注释】

[1] 司马安：西汉人，汲黯姊子。

[2] 汲黯：见108页。

[3] 九卿：汉代指太常、光禄勋、卫尉、太仆、廷尉、大鸿胪、宗正、大司农、少府。

[4] 应璩：三国魏汝南人，字休琏。应场弟。博学，以文章显，善为书记。

[5] 承明庐：汉承明殿旁屋，侍臣值宿所居，称承明庐。应璩所任皆为皇帝近臣。

十五　合

广利泉飞　王霸冰合

前汉李广利[1]征大宛，军中无水，乃拔剑斫山，飞泉涌出。

光武[2]避王郎[3]，过河津，水涨，无船可渡，令王霸[4]往视之，霸恐惊众，佯[5]曰："河水冰合[6]可渡。"众军大喜，至河，果冰合，乃得渡，渡毕冰即旋解。

【注释】

[1]李广利：西汉中山人，武帝李夫人兄。破大宛，得善马数十匹，中等以下马三千馀匹，立昧蔡为大宛王而还。

[2]光武：汉光武帝刘秀。

[3]王郎：即王昌，新莽末赵国邯郸人。初以卜相为业，自称为汉成帝之子刘子舆。西汉宗室刘林等立他为汉帝，定都邯郸。

[4]王霸：东汉颍川颍阳人，字元伯，屡立功勋，为"云台二十八将"之一。

[5]佯：假装。

[6]冰合：冰封。

江逌[1]爇[2]鸡　曲端笼鸽

江逌为殷浩[3]参军，有羌[4]寇，浩令逌击之，逌曰："今兵少于羌，当以计胜之。"乃集鸡数百，以绳连系火于足，群鸡骇散，飞集羌营。火起，羌人自乱，因纵兵击之，大败而走。

曲端[5]为泾原[6]都总制[7]，张魏公[8]按视[9]端营，端以所部五军籍进，公命点其一，则于庭开笼纵一鸽以往，而所点之兵随至。张为愕然。既而欲尽观，乃悉纵五鸽，则五军顷刻而集，戈甲焕灿，旗帜鲜明。魏公虽面奖而心寔忌之。

【注释】

[1] 江逌：应作"江逌"，东晋陈留圉人，字道载。有匡弼之益，军中书檄悉委之。

[2] 爇：火烧。

[3] 殷浩：东晋大臣。陈郡长平人，字深源。弱冠有美名，善玄言。后为中军将军，督扬、豫、徐、兖、青五州军事，统军北伐，屡战屡败。

[4] 羌：中国古代西部的民族。

[5] 曲端：详见189页。曲端长于兵略而恃才自用，树敌甚多，终为张浚所杀。

[6] 泾原：方镇名。辖区相当今甘肃、宁夏的六盘山以东，浦河以西地区。

[7] 都总制：都统制。官名，负责一方军务，管辖诸将。

[8] 张魏公：南宋名臣张浚，宋汉州绵竹人，字德远，世称紫岩先生。封魏国公，故又称张魏公。

[9] 按视：察看。

楚元置醴　陈蕃悬榻

汉楚元王[1]敬穆生[2]为宾客，穆生不嗜酒，元王尝置醴酒[3]以待之。及孙戊[4]，一日忘设，穆生遂去。

陈蕃[5]为乐安[6]太守，郡有高洁之士周璆[7]，蕃特置一榻招致之。璆去，则悬榻[8]以俟。又蕃守豫章，尝设榻以待徐稚，去则悬之。

【注释】

[1] 楚元王：刘交，字游，沛郡丰邑人。西汉诸侯王。

[2] 穆生：西汉鲁人。楚元王刘交少时，与生同从浮丘伯受《诗》。

[3] 醴酒：甜酒。

[4] 孙戊：刘戊，楚元王刘交之孙。

[5] 陈蕃：见253页。

[6] 乐安：指乐安郡，东汉时治所在临济（今山东高青县高苑镇西北），辖境相当于今山东博兴、高青、桓台、广饶、寿光等县地。

[7] 周璆：东汉乐安临济人，字孟玉。

[8] 悬榻：把榻挂起来。榻，床形坐具。后因以"悬榻"为礼贤下士之典。

图书在版编目（CIP）数据

陶庵对偶故事 /（明）张岱著；赵王玮注. -- 杭州：浙江古籍出版社，2023.10
ISBN 978-7-5540-1882-8

Ⅰ.①陶… Ⅱ.①张…②赵… Ⅲ.①儿童故事—历史故事—作品集—中国 Ⅳ.① I287.5

中国版本图书馆 CIP 数据核字（2020）第 247535 号

陶庵对偶故事

[明] 张 岱 著 赵王玮 注

出版发行	浙江古籍出版社
	（杭州市体育场路 347 号 邮编：310006）
网　　址	https://zjgj.zjcbcm.com
责任编辑	路　伟
文字编辑	曾　拓
责任校对	吴颖胤
责任印务	楼浩凯
封面设计	吴思璐
照　　排	杭州立飞图文制作有限公司
印　　刷	浙江新华印刷技术有限公司
开　　本	850 mm × 1168 mm　1/32
印　　张	9.625
字　　数	241 千字
版　　次	2023 年 10 月第 1 版
印　　次	2023 年 10 月第 1 次印刷
书　　号	ISBN 978-7-5540-1882-8
定　　价	58.00 元

如发现印装质量问题，影响阅读，请与本社市场营销部联系调换。